Fragen und Antworten
über Gott und die Welt

param

Sri Sri Ravi Shankar ist ein geistiger Lehrer, der weltweit die Entfaltung menschlicher Werte fördert und diese Werte auch selbst verkörpert. Seine Lehren haben ihre Wurzeln in der zeitlosen Weisheit östlicher Spiritualität und sind gleichzeitig von großer Bedeutung für das praktische Leben der Menschen von heute. Sie haben in den letzten zwanzig Jahren den Alltag Hunderttausender der verschiedensten Kulturen, Traditionen und Religionen segensreich beeinflusst.

Sri Sri Ravi Shavikar wurde 1956 in eine angesehene südindische Familie geboren. Bereits im Alter von vier Jahren konnte er die Bhagavad Gita rezitieren, und mit acht Jahren begann er das Studium der klassischen vedischen Literatur. Seine Jugend war geprägt durch den Geist des Jahrtausende alten vedischen Wissens und die Botschaft christlicher Nächstenliebe.

1982 begann Sri Sri Ravi Shankar, inspiriert durch eine Zeit der Stille, die Kurse »Die Kunst des Lebens« zu lehren. Diese, für den modernen Menschen konzipierten Kurse, wurden bisher in über neunzig Ländern aller Kontinente durchgeführt und bringen einen doppelten Gewinn: Sie ermöglichen uns die Erfahrung unseres wahren Selbst und lassen gleichzeitig die Liebe zu unseren Mitgeschöpfen auf natürliche Weise wachsen.

Der dieser Liebe entspringende tätige Dienst an der Mitwelt heißt im Sanskrit Seva. Sri Sri Ravi Shankar hat weltweit eine große Zahl von humanitären Seva-Projekten initiiert, die große Anerkennung – auch von Seiten der Vereinten Nationen und der Unicef – gefunden haben.

Die Lehre Sri Sri Ravi Shankars liegt jenseits von Religion und Weltanschauung und lässt im Zuhörer jeder Kultur die menschlichen Werte erblühen, die allen Religionen zugrunde liegen. Wer immer Sri Sri Ravi Shankar begegnet, ist beeindruckt von seiner Ausstrahlung, die tiefes Wissen, erfrischenden Humor, Natürlichkeit und bedingungslose Herzensliebe verbreitet.

Sri Sri Ravi Shankar ist weltweit aktiv. Er reist rund um den Globus, und überall beantwortet er Fragen seiner Zuhörer und spricht über spirituelle Themen. Diese Vorträge werden auf Tonband aufgezeichnet, und dieses Buch wurde aus solchen Aufzeichnungen zusammengestellt.

Das gesprochene Wort ist spontan und unterliegt anderen Gesetzmäßigkeiten, als das geschriebene. Es wurde versucht, den Text sprachlich zu glätten, ohne die lebendige Atmosphäre der freien Rede gänzlich herauszuredigieren.

Ein besondere Situation ergibt sich bei der Übersetzung aus dem Englischen immer wieder mit der Anrede. Das englische *you* hat eine viel größere Bedeutungsbreite als das deutsche »du«. Als direkte Anrede wäre es eher mit »Sie« zu übersetzen, was aber gerade bei einem solchen Text zu unpersönlich klingt. Deshalb wurde ein groß geschriebenes »Du« verwendet, auch wenn es nach geltender deutscher Rechtschreibung falsch ist. Durch diese Großschreibung sollen menschliche Nähe und persönlicher Respekt gleichermaßen zum Ausdruck gebracht werden.

Sri Sri Ravi Shankar

Fragen und Antworten

über Gott und die Welt

param

Die Deutsche Bibliothek – CIP-Einheitsaufnahme

Shankar, Ravi: Fragen und Antworten
über Gott und die Welt /
Sri Sri Ravi Shankar. - Ahlerstedt : Param, 2001
ISBN 3-88755-344-6

Umwelthinweis

Gedruckt auf chlor- und säurefreiem Papier.

Umschlagentwurf Karl-Heinz Koch
Satz und Gestaltung ars . data . media, Ahlerstedt
Druck und Verarbeitung Fuldaer Verlagsanstalt, Fulda

ISBN 3-88755-344-6

Affirmationen

Ist es in Ordnung, um etwas zu bitten? Wenn ich mit
Affirmationen arbeite, weil ich mir etwas wünsche, ist
das ein Gebet?

Gebet ist Dankbarkeit, das habe ich immer gesagt. Die Frage ist, ob wir bitten dürfen. Lasst uns das Bitten einmal genauer anschauen. Wenn Du mit Deinem Verstand denkst und dann bittest, kommt es nicht aus der Tiefe Deines Seins. Wenn Bitten spontan ist, dann ist es Gebet.

Nimm zum Beispiel einen Ertrinkenden, der um Hilfe ruft. Wenn Du ihm sagst, bitte nicht, ist das sinnlos. Sein Bitten kommt aus jeder Zelle seines Körpers. Oder jemand hat sich in der Wüste verlaufen und schreit nach Wasser. Sein ganzer Körper will Wasser, sein ganzer Körper ist erfüllt von der Bitte nach Wasser. Solches Bitten ist ein spontanes Ereignis. Es ist notwendig. Das ist Gebet.

Auf der ganzen Welt wird dem Fasten und Beten große Bedeutung beigemessen. Wisst ihr warum? Wenn man fastet, sehnt sich der ganze Körper nach Nahrung, bittet um Essen. Das ist das Grundlegendste für den Körper, und dieses Bedürfnis wird beim Fasten allumfassend. Das ist Gebet. Die Gesamtheit des Bewusstseins stellt sich ein. Versteht ihr, was ich sage?

In solchen Momenten ist das Bitten umfassend und spontan. Es wurde nicht darüber nachgedacht oder intellektuell manipuliert. Die sogenannten Affirmationen, die ihr macht, sind intellektuelle Manipulationen. Es geht nicht um existenzielle Notwendigkeiten. Und dann ist es unnütz. Es ist, wie jedes andere Denken. Es hat keinen besonderen Wert. Ein Gebet, das nicht aus der Tiefe Deines Fühlens kommt, hat keinen Wert, keine Bedeutung.

Alkoholiker

Mein Sohn ist Alkoholiker. Wie kann ich ihm helfen?

Es gibt da ein Sprichwort: »Hilf dir selbst, dann hilft dir Gott.« Nur wenn man selbst einen Schritt macht, dann macht Gott von seiner Seite hundert Schritte. Wenn es wenigstens eine winzige Bereitschaft zur Veränderung gibt, dann kann es Hilfe geben. Wenn es nicht so wäre, könnte man nämlich einfach dasitzen und jeden zum Nichtalkoholiker machen. Die ganze Welt könnte man so ändern, aber so ist das Naturgesetz nicht. Das Naturgesetz verlangt einen Schritt von Deiner Seite und dann wird es hundert Schritte von Seiten der Natur geben. Das Wasser fließt, aber die Tasse muss hingehalten werden.

Du sagst: »Mein Sohn.« Du hast *einen* Sohn, aber aus meiner Sicht sind so viele Söhne da. Wie viele? Millionen.

Wenn Du es aus diesem Blickwinkel siehst, dann wird sich Dein Schmerz, der Schmerz, der Dich dieses einen Menschen wegen bedrängt, lösen. Sieh mal, wenn Du selbst so betroffen bist, wie kannst Du dann jemand anderem helfen? Das ist nicht möglich. Und was hilft dann? Indem man sieht, dass es kein isoliertes Problem ist, sondern dass es ein größeres Problem ist. Sieh das Problem in einem größeren Zusammenhang. Mach das Problem größer, dehne es aus. Wenn Du sagst, dass Du einen Sohn hast, der Alkoholiker ist, dann lässt Dir das keine Ruhe, aber wenn Du sagst, dass Du tausend Söhne hast, die Alkoholiker sind, dann ändert sich die Qualität der Beunruhigung. Siehst Du das? Das ist wichtig.

Angst

Wie kann ich mich von Ängsten befreien, die sich tief in mir eingenistet haben? Ich weiß, dass sie irrational sind und nur in meinem Kopf existieren, trotzdem kommen sie wieder und wieder.

Meditiere! Sitze in Stille und meditiere. Oder höre Dir Bhajans* oder andere beruhigende Musik an. Mache Pranayamas (Atemübungen), Meditation, die Sudarshan Kriya*, ein paar Yoga-Übungen. All das hilft. Atemübungen sind sehr gut bei Angst.

* siehe unter diesem Stichwort

Denke nicht, dass Angst etwas tief in Dir ist. Das ist eine falsche Vorstellung in der Psychologie. »Sie haben tief in sich drinnen Angst. Tief in Ihnen stecken Schuldgefühle.« Ich sage Dir, tief drinnen ist eine Menge Glückseligkeit! Tief drinnen ist eine Menge Freude! In Deinem Inneren ist keine Schuld, keine Angst, keine Wut. Tief drinnen bist Du wunderbar. Denke nie: »Tief drinnen habe ich diese ganze Sorge.« Wo ist tief drinnen? Wer sagt tief drinnen? Wer sagt, tief drinnen sei etwas, der ist blind. Ich sage Dir, das ist alles auf der Oberfläche. Wenn sie es tief nennen, dann sage ich Dir, geh tiefer als das. Im Zentrum Deines Seins bist Du ein Springbrunnen der Freude. Es ist eine unwissende Vorstellung zu sagen, tief in Deinem Geist sei Sorge. Und wenn Du diese Behauptung als wahr akzeptierst, dann wird es schwerer, diese Gefühle zu überwinden. Sie werden dann beständiger. Verstehst Du das?

Ärger

Soll man seinen Ärger nach außen zeigen?

Nun, was macht ihr mit euren Kindern? Manchmal zeigt ihr ihnen etwas Ärger. Ihr seid nicht wirklich böse auf sie, aber wenn sie etwas angestellt haben, zeigt ihr ihnen etwas Ärger, nicht wahr? Oder wenn Du der Chef einer Firma bist, dann stellst Du ein wenig

Ärger zur Schau, damit Aufgaben schneller erledigt werden, richtig?

Aber es ist etwas anders, wenn Du wirklich verärgert bist. Dann kochst Du, es bringt Dein ganzes Nervensystem in Wallung. Du fühlst Dich sehr unwohl. Wenn Du Ärger aber nur nach außen zeigst und dabei innerlich ruhig bist, benutzt Du ihn als Werkzeug.

Beweis

Welchen Beweis gibt es in der Welt, dass die höchste Intelligenz, Gott, liebevoll ist?

Ich bin hier. Das ist Beweis genug.

Beziehungen

Was sind die Geheimnisse einer Beziehung?

Was wollt ihr über Beziehungen wissen? Das Geheimnis, das ihr wissen wollt, ist doch, wie man sie lang anhaltend machen kann, und nicht, wie man sie beenden kann, denn das weiß jeder, das ist kein Geheimnis. Du musst nur oft genug ein paar Knöpfe beim anderen drücken und das war's, es ist aus.

In jeder Beziehung sind drei Dinge wichtig: richtige Wahrnehmung, richtige Beobachtung und richtiger Ausdruck.

Was bedeutet richtiger Ausdruck? Oft wird gesagt: »Niemand versteht mich.« Doch statt dessen kannst Du auch sagen, dass Du Dich nicht richtig ausgedrückt hast. Um Dich richtig auszudrücken, brauchst Du die richtige Wahrnehmung und die richtige Beobachtung.

Richtige Wahrnehmung entsteht, wenn Du Dich selbst mit den Augen des anderen siehst, wenn Du Dich in seine Lage versetzt und die Situation von da aus betrachtest. So erlangst Du die rechte Wahrnehmung.

Und wenn Du den anderen richtig wahrgenommen hast, dann beobachte, wie Du reagierst, wie Du Dich innerlich fühlst, welche Motive Dich bewegen, welche Gedanken und Gefühle in Dir aufsteigen. Es ist notwendig, dass Du Deinen eigenen Geist beobachtest. Diese Beobachtung unserer Empfindungen, Neigungen, Verhaltensmuster ist wichtig.

Beide müssen zusammenkommen, die Wahrnehmung des anderen und die Beobachtung Deiner selbst, damit Du Dich selbst richtig ausdrücken kannst. Das ganze Leben ist ein Lernprozess in Wahrnehmung, Beobachtung und Ausdruck. Jeder Fehler, den Du machst, ist eigentlich kein Fehler, sondern ein Lernprozess dieser drei wichtigen Aspekte des Lebens.

Wir müssen also unsere Wahrnehmung erweitern. Sieh nicht nur das Äußere eines Menschen und beschuldige ihn nicht einfach für etwas, das er getan hat, sondern komm ihm entgegen und versetz Dich in seine Lage. Sieh ihn in einem größeren Zusammenhang. Das ist das erste Geheimnis einer Beziehung.

Das zweite Geheimnis ist zu geben. Das wisst ihr natürlich alle: eine Beziehung haben, heißt geben. Gleichzeitig lasst aber auch den anderen geben. Angenommen, Du tust *alles* für den anderen, hilfst ihm in jeder Weise, gibst ihm aber keine Möglichkeit, etwas für *Dich* zu tun, dann zerstörst Du sein Selbstwertgefühl.

Manchmal wird gesagt: »Ich habe so viel für diesen Menschen getan und trotzdem liebt er mich nicht.« Warum? Weil er sich unwohl fühlt. Zur Liebe gehört ein Austausch und der ist nur möglich, wenn Du dem anderen auch Gelegenheit gibst, etwas für Dich zu tun. Beziehungen verlaufen nicht gut, wenn wir nicht die Fähigkeit haben, auch den anderen etwas beitragen zu lassen. Das erfordert Geschick. Wir müssen darin geschickt sein, den anderen etwas beitragen zu lassen, ohne zu fordern. Wir bringen andere immer nur mit Forderungen dazu, etwas für uns zu tun. Doch der andere muss sein Selbstwertgefühl behalten, damit Liebe erblühen kann.

Wenn Dein Partner nichts für Dich tut, bleibt die Liebe nicht bestehen, weil Du in Selbstmitleid verfällst und denkst, Du würdest ausgenutzt. Lass auch Deinen Partner nützlich sein, damit eure Liebe wächst. Dieses »ich werde benutzt« sollte aus unseren Köpfen verschwinden.

Nur weil Du nützlich bist, wirst Du benutzt. Wenn Du nutzlos wärst, könnte man Dich nicht benutzen.

Der dritte Aspekt einer Beziehung ist, dem anderen Freiraum zu geben. Wenn ihr jemanden liebt, hängt ihr euch ihm an den Hals und lasst ihm keine Luft zum Atmen. Ihr erstickt ihn und erstickt damit die Liebe. Ihr solltet dem anderen Freiraum geben und euch auch euren nehmen. Respektiert die Freiheit des anderen.

In alten Zeiten wusste man das. Man sagte, einen Monat im Jahr sollten Mann und Frau nicht dieselbe Schwelle überschreiten. Man schickte also die Frau zu ihren Eltern, und es heißt, dass in diesem Monat die Post am meisten zu tun hatte. Ein Monat der Trennung schafft so viel Sehnsucht.

Damit Liebe erblühen kann, muss Sehnsucht da sein. Und Sehnsucht braucht etwas Raum. Sehnsucht ist ein wenig schmerzlich, doch wenn Du in Deiner Beziehung Sehnsucht erst gar nicht aufkommen lässt, dann *wächst* die Liebe nicht, ihr Zauber verblasst.

Der vierte Aspekt ist, dass die Beziehung als Nachspeise und nicht als Hauptgericht behandelt werden sollte. Wenn Du ein *Ziel* im Leben hast, wirst Du Dich in diese Richtung bewegen und die Beziehung geht mit in diese Richtung. Wenn sich Deine ganze Aufmerksamkeit aber *nur* auf die Beziehung richtet, dann wird das nicht funktionieren. Das geht nicht gut. Wenn beide das gleiche Lebensziel haben, werden sie sich gemeinsam in diese Richtung bewegen. Dann bleibt ihre Beziehung länger bestehen.

Bhajans

Dies ist mein erster Kurs, auf dem Bhajans gesungen werden. Würdest Du bitte über den Wert des Singens sprechen?

*W*enn wir sprechen, dann denken wir alle auf verschiedenen Ebenen, wir haben unterschiedliche Gedanken, jeder Geist denkt anders. Doch was geschieht, wenn wir singen? Das gleiche Wort, der gleiche Gedanke bewegt sich in allen Köpfen. Und dadurch entsteht Einheit. Deshalb ist Musik oder Singen schon immer ein wichtiger Bestandteil aller Religionen auf der Welt gewesen. In allen Traditionen wird gemeinsam gesungen.

Nun, mit dem Sanskrit-Text ist ein zusätzlicher Vorteil verbunden. Er vereinigt den bewussten Geist nicht nur horizontal, er vereinigt auch vertikal. Weil Sanskrit der älteste Klang, die älteste Sprache des Bewusstseins ist, vereinigt es all die verschiedenen Schichten des Bewusstseins. Sanskrit ist sehr, sehr alt, zwanzigtausend Jahre. Die Vereinigung geschieht, weil auch der Geist sehr alt ist. Jedesmal wenn Du einen neuen Körper bekommst, bleibt der Geist derselbe. Dies ist derselbe alte Geist, denn

Energie wird nicht zerstört, und der Geist ist Energie und kann also nicht zerstört werden. Weil er nicht zerstört werden kann, besteht der Geist seit ewigen Zeiten. Dein Geist ist nicht nur zwei-, drei- oder fünftausend Jahre alt, er ist viel, viel älter, viel älter als die Steine. Deshalb haben die ältesten Klänge, die ältesten Wörter, eine vereinigende Wirkung. Die Klänge – auch wenn wir nicht verstehen, was *Om namah Shivaya* oder etwas anderes bedeutet – haben ihre eigene Energie und vermitteln ein besonderes Gefühl, wenn man sie singt.

Dank

Lieber Guruji, danke, dass Du mich geheilt hast und mich an einen Ort jenseits von Krankheit und Gesundheit führst, jenseits von Leben und Tod. Jai Guru Dev!

Es ist nicht genug, nur danke zu sagen. Fang an zu tun, was in Deinen Kräften steht, um das Wissen um Dich herum zu verbreiten. Sieh mal, wenn Du Freude teilst, vervielfacht sie sich. Wie kannst Du die Freude aufrechterhalten, die Du erfährst? Indem Du sie mit Menschen teilst, indem Du Satsangs und Kurse in Bewegung bringst und hältst.

Dienen

Ich bin auf dem spirituellen Pfad und möchte gerne dienen. Aber wo soll man praktisch gesehen anfangen? Drogen, Armut, Umwelt, AIDS usw. Wie soll man sich da entscheiden? Manchmal ist es auch gar nicht so leicht, anderen zu helfen, weil sie sich nicht immer helfen lassen wollen.

Sieh mal, was heißt dienen? Zuerst musst Du verstehen, dass dienen keine Handlung ist, sondern eine Einstellung. Es ist Deine innere Bereitschaft zu dienen, und wenn die Zeit reif ist, wirst Du die Gelegenheit ergreifen. Sonst legst Du Dich geistig fest: »Mein Dienen gilt diesem Krankenhaus oder der Sorge um diese Obdachlosen.« Dann wirst Du engstirnig und es wird einfach ein weiterer Job für Dich. Wenn Dich dann jemand um einen kleinen Gefallen bittet: »Können Sie bitte meine Tasche in das andere Zimmer bringen?« antwortest Du: »Tut mir leid, aber ich habe zu tun.« Das ist kein Dienen. Dienen ist Deine innere Einstellung, Deine Bereitschaft zu dienen.

Wisst ihr, jemandem, den ihr liebt, sagt ihr: »Ich bin für dich da, wenn du irgend etwas brauchst. Bitte sag es mir, ich bin immer für dich da.« Sagt das zu jedem! »Wenn du mich brauchst, bin ich für dich da.« Ihr sagt euren Kindern, eurer Frau, eurem Mann, euren Eltern oder nahen Freunden: »Ich bin für dich da.« Sag das jedem, das ist wahres Dienen!

Ich sage nicht, ihr sollt euer Dienen nicht abwägen. Ihr sagt: »Ich bin für jeden da.« Und dann kommt jemand und sagt: »Prima, löse dein Konto auf und gib mir all dein Geld.« So ist das natürlich nicht gemeint. Die Bereitschaft zu dienen und es zu tun, wenn es nötig ist, das ist Dienen.

Ego

Ist das Gefühl der Täterschaft, also der Handelnde zu sein, dasselbe wie das Ego?

Das Ego ist der Schatten der Täterschaft. Es ist weder gut noch schlecht. Ihr glaubt, das Ego sei schlecht, und versucht, es zu unterdrücken, auszulöschen. Doch je mehr ihr das versucht, um so stärker wird es. Das Ego ist nichts als Unnatürlichkeit. Das ist alles. Sich nicht frei zu fühlen, sich nicht mit jedem vertraut zu fühlen, ist Ego.

Eifersucht

Kann eine verwirklichte Seele noch negative Gefühle wie Eifersucht oder Enttäuschung haben? Ist ein Meister verstimmt oder verletzt, wenn er seine Anhänger zu Füßen eines anderen Meisters sieht?

*D*as ist nicht möglich. Ein Meister würde höchstens Mitgefühl empfinden, wenn jemand vom Weg abkommt. Höchstens Mitgefühl.

Was ist Eifersucht? Eifersucht ist, nicht zu wissen, wer Du bist. Eifersucht ist, nicht zu wissen, wie einmalig, wie wunderbar, wie großartig Du bist. Eifersucht ist, die Zeit und die Lebensspanne nicht zu kennen. Eifersucht ist, sich nicht mit jedem um Dich herum eins zu fühlen. Auf wen Du auch eifersüchtig oder neidisch bist, mach ihn zu einem Teil von Dir. Und dann sieh, ob Du ihn immer noch beneidest. Nicht möglich! Eifersucht oder irgendeine andere negative Empfindung entsteht nur, wenn andere Menschen nicht Teil von Dir sind, wenn Du sie als von Dir getrennt siehst, wenn Konkurrenzdenken herrscht. »Ich will auch so sein.« Ich sagte kürzlich, Du kannst nicht alles sein. Kannst Du alles sein? Nein, das ist nicht möglich.

»Ich möchte unabhängig sein.« Dieses Wort unabhängig wird auch oft missverstanden. Was heißt unabhängig? Bist Du nicht abhängig von einem Arzt? Von einem Rechtsanwalt? Bist Du nicht abhängig von den Stadtwerken, damit sie Dich mit Wasser und Elektrizität versorgen? Bist Du nicht von den Bauern abhängig, damit sie Dich mit Nahrung versorgen? Bist Du nicht abhängig vom Erziehungssystem, damit Du das ABC lernen kannst? Du hast nicht das Lied »Hänschen klein« komponiert, jemand anderes hat das getan. Du fängst an zu singen, und selbst diese kleine Melodie ist von jemand anderem geborgt. Ein einfacher Mensch aus irgendeinem kleinen Dorf erfand die Melodie, und heute ist sie überall bekannt und Millionen von Kindern haben sie gelernt.

Was heißt unabhängig? Es ist wirklich eine Illusion in unseren Köpfen: »Ich bin jemand. Ich bin verschieden von anderen.« Das erzeugt nur noch mehr Spannung. Es ist einfach nur Unwissenheit. Jeder ist ein Teil von mir, alle Menschen, dieser, dieser, dieser, in all diesen verschiedenen Formen und Gestalten, mit verschiedenen Talenten, alle sind sie nur Ich. Ich habe wunderbare Talente als Koch in jenem Körper. Ich habe wunderbare Talente als Schneider in jenem Körper, als Arzt in jenem Körper, als Sänger in jenem Körper. Mach jeden zu einem Teil von Dir, grenz Dich von niemandem ab. Bring alle Talente zusammen zu einem Blumenstrauß. Das ist der Weg, negative Gefühle loszuwerden.

Emotionen

Wenn ich mich selbst verletze, physisch oder emotional, wenn ich versuche, mit Furcht oder Ärger fertig zu werden, ist das ein Zeichen, dass ich aufhören sollte, diese Gefühle auszudrücken, oder ist das nur Teil des Lebenskampfes?

*D*ie moderne Psychologie sagt uns heute, man solle Emotionen ausdrücken. Die alte Weisheit lautet, Emotionen zu beobachten. Wenn Du Emotionen ausdrückst, kann das Schaden in Deiner Umgebung anrichten, weil nicht jeder sensibel dafür ist, was in Dir vorgeht. Sie sehen nur Deine Handlungen. Es gibt nur wenige Menschen, die wirklich in Dich hineinsehen und Dich für das wertschätzen können, was Du bist.

Das wünscht sich aber jeder, dass die anderen in uns hineinsehen und uns nehmen, wie wir sind. Doch wir vergessen, dass wir das selbst auch nicht tun und auch nur die Handlungen der anderen sehen.

Es ist also wichtig, Deine Gefühle zu beobachten, bevor Du sie ausdrückst. Wenn Du sie beobachtest, werden die wesentlichen bleiben und die unwesentlichen verschwinden. Und damit ist alles über die Meditation gesagt.

Ihr wisst, wie das geht. Man hat einen Tropfen Ärger in sich, und dann ereignet sich irgendeine Kleinigkeit. Das fügt dem Ärger einen weiteren Tropfen hinzu. Dann gehst Du zu Deinem Auto und es springt nicht an. Du bist verärgert und ein weiterer Tropfen Ärger sammelt sich in Deinem Körper an. Und so baut er sich über mehrere Tage auf. Und schließlich, bei irgendeinem kleinen Anlass, bricht er aus Dir heraus. Dieser besondere Anlass ist nicht der Grund für den großen Arger, der aus Dir herausplatzt, er löst nur aus, was sich Tropfen für Tropfen für Tropfen in Dir aufgebaut hat.

Wenn Du achtsam bist und beobachtest, wie dies in Dir geschieht, wirst Du diese Gefühle nicht in Dir ansammeln. Ein Tropfen Ärger kommt und er verdunstet auf der Stelle durch Deine Beobachtung, durch Meditation.

Und wie wird man fähig, die Emotionen zu beobachten? Man muss das Nervensystem kultivieren, damit man die Emotionen ertragen kann und man fähig wird, sie zu beobachten. Eine der Techniken, die dabei helfen, ist Sudarshan Kriya. Dadurch wird jede einzelne Zelle Deines Körpers von Stress und Spannung gereinigt.

Seht, wenn ihr frustriert werdet, wird diese Frustration in jeder Zelle eures Körpers gespeichert. Wenn ihr ärgerlich werdet, wird der Ärger in jeder Zelle eingelagert. Durch Kriya wird eine intensive Reinigung bewirkt. Dann erblüht Dein Bewusstsein ganz natürlich, und Du wirst entdecken, dass zwar manchmal Ärger in Deinem täglichen Leben aufsteigt, aber er steigt nur auf und Du bist in der Lage, ihn anzusehen – und er verschwindet. Das wird eine Zeit lang geschehen, und dann kannst Du darüber lachen.

Ergebung

Was bedeutet Ergebung?

Ergebung ist eines der unglücklichen Wörter, die so oft missverstanden werden. Wir glauben, wenn ein

Mensch verliert, ergibt er sich dem Sieger, unterwirft sich ihm. Aber wisst ihr, er ergibt sich nicht wirklich, er wartet nur auf die Gelegenheit, es dem anderen heimzuzahlen. Das ist eine Art der Ergebung: Unterwerfung.

Ergebung meint hier, in vollkommener Liebe zu sein, völliges Vertrauen in die Liebe zu haben, sich ganz hinzugeben, wie zum Beispiel eine Mutter ihrem Kind hingegeben ist.

Eine Mutter hat sich vorgenommen, ins Kino zu gehen oder zu einer Party, doch das Kind wird krank. Dann beklagt sich die Mutter nicht: »Oh, ich bin wegen meines Kindes nicht auf die Party gegangen.« Nein, sie sagt nicht, sie habe ein Opfer gebracht. Es ist allein die Liebe, die die Mutter dort festhält: »Gut, ich muss mich um mein Kind kümmern.« Sie fühlt keinen Stich, dass sie die Party versäumt.

Ergebung, Hingabe bedeutet, alle Furcht, Spannung, Enttäuschung und Negativität loszulassen und sich frei zu fühlen, hohl und leer. Das ist eure eigentliche Natur. Ihr seid mit der Eigenschaft der Hingabe geboren.

Erleuchtung

Alle Erleuchteten, die ich kenne, sind Meister, die ihr ganzes Leben der Aufgabe widmen, andere zu lehren

und zu erheben. Wie ist es mit einem Familienvater?
Wie wäre das Leben eines erleuchteten Familienvaters
oder einer Mutter?

Es könnte wie Deines sein. Seht, jeder hat verschiedene Talente. Ihr könnt nicht alles machen, aber ihr könnt Teil eines Straußes mit vielen verschiedenen Blumen sein. Wir haben eine falsche Vorstellung von Vollkommenheit. Wir glauben, Vollkommenheit bedeute, man sollte alles selber machen können. Aber das ist nicht nötig. Jemand kann gut singen – lass ihn singen. Wenn Du zeichnen kannst, dann zeichne. Jemand anderes kann ein Instrument spielen – also lass ihn spielen. Legt alles zusammen, bildet einen Strauß. Vergesst das nicht! Das ist sehr kostbar und schön im Leben.

Es gibt keinen Menschen auf der Welt, der alle Sprachen sprechen kann, alle künstlerischen Talente hat, alles wissenschaftliche Wissen und alle philosophische Weisheit besitzt. Aber die Grundlage von all dem ist sehr einfach: die unschuldige, reine Liebe. Die hängt nicht von euren Fähigkeiten ab. Um zu lieben, braucht man keine Voraussetzungen. Du brauchst keine bestimmte Fähigkeit dazu. Und diesen Zustand der Liebe zu leben, ist Erleuchtung.

Jeder ist mit verschiedenen Fähigkeiten ausgestattet. Einer ist ein guter Organisator, ein anderer ein guter Sänger, ein anderer schreibt sehr gut. Versucht nicht, miteinander zu konkurrieren. Es kommt aber vor. Selbst beim Satsang kommt das vor. Einer beginnt ein Bhajan zu singen und ein anderer denkt, danach sollte er unbedingt eines anfangen. Und sobald der eine aufhört, fängt der nächste schon an vorzusingen. Darum sage ich: Das ist nicht nötig! Singt alle gemeinsam. Das Gefühl der Einheit, der Zusammengehörigkeit, der Liebe – das ist Erleuchtung.

Es beginnt in der Familie. Ihr braucht der Familie nicht zu entsagen, um das Selbst zu erkennen. Dehnt eure Familie einfach aus. Ihr liebt eure Kinder? Liebt auch anderer Leute Kinder, eure Nachbarskinder oder die Freunde eurer Kinder! Sie beeinflussen eure eigenen Kinder viel mehr als ihr. Wenn ihr euch nur um eure Kinder kümmert und nicht um andere Kinder, dann werden morgen selbst eure Kinder nicht mehr auf euch hören. Sie hören viel mehr auf ihre Freunde. Also macht auch sie zu euren Kindern. Fühlt euch für alle Menschen um euch herum verantwortlich.

Ernährung

Guruji, würdest Du bitte etwas über richtige Ernährung sagen. Was soll man essen und was soll man lieber nicht essen?

Ernährung ist auf dem spirituellen Pfad sehr wichtig. Richtige Ernährung gibt Dir die Stärke, die Du auf dem spirituellen Pfad brauchst. Deshalb sollte man, wenn man über vierzig ist, das Frühstück ganz auslassen oder nur etwas Leichtes essen, zum Beispiel etwas Obst oder etwas anderes leicht Verdauliches. Ein Kind oder ein Teenager sollte drei Mahlzeiten am Tag einnehmen, aber wenn man erst einmal über vierzig ist, dann ist es besser, sich auf ein oder zwei Mahlzeiten pro Tag zu beschränken. Oder man nimmt eine warme Mahlzeit und zwei Mahlzeiten aus Obst oder Saft oder etwas ähnlichem, dann wird der Alterungsprozess langsamer ablaufen. So heißt es im Ayurveda.

Wenn der Körper zu sehr damit belastet wird, viel Nahrung zu verdauen, dann wird er erschöpft und altert schnell. Wenn man vierzig ist, hat der Körper die schwere Arbeit, sich selbst aufzubauen, hinter sich. Wenn man ihn dann weiter mit viel Essen vollstopft, wird er schwächer und schwächer und immer erschöpfter. Deshalb ist es besser, weniger zu essen.

Denkt nicht, ihr könntet nur mit Bergen von Essen überleben! Nein, eine große Mittagsmahlzeit sollte genug sein. Und wenn Du Dich am Abend wirklich hungrig fühlst, dann ist es in Ordnung, etwas Saft oder Milch zu trinken oder etwas Leichtes zu essen. Also zwei leichte Mahlzeiten oder eine große pro Tag. Und wenn man über sechzig ist, ist es ratsam, nur einmal am Tag Getreide zu essen.

Es ist auch gut, gelegentlich mit etwas Saft zu fasten oder nur Gemüse zu essen. Das kräftigt Dich und macht Deinen Körper energetischer. Dann wird in Deinem Körper mehr Prana erzeugt. Wenn man zu viel isst, sterben die Gehirnzellen ab. Sie sterben sehr schnell und dann beschleunigt sich der Alterungsprozess und Du siehst sehr schnell älter aus.

Wie lange Du fasten solltest, hängt von Deiner Konstitution ab. Wenn Du ein Pitta-Typ* bist, ist vieles Fasten nicht gut. Wenn Du ein Vata- oder Kapha-Typ* bist, kannst Du ruhig fasten, aber ein, zwei, höchstens drei Tage Wasserfasten sind genug. Fastet nicht zu lange! Nehmt Wasser, etwas Zitronensaft und Ingwer. Ingwer ist ganz allgemein gut. Ingwer, Zitronen, frisches Gemüse, Obst, das ist alles gut für euch und hält euren Geist wach.

Erst wenn das Essen gut verdaut ist, sollte man wieder etwas essen. Der Körper braucht zwanzig Minuten, um Obst zu verdauen. Wenn Du vegetarisch isst, dann braucht er drei bis vier Stunden zum Verdauen.

Wenn man nicht-vegetarisch isst, dann braucht die Verdauung acht Stunden, habe ich von Ärzten gehört. Wenn also jemand mittags etwas Nicht-Vegetarisches isst, dann verdaut er am Abend immer noch daran, wenn er wieder etwas in den Magen stopft. Das belastet den Körper sehr. Er kommt nie zur Ruhe. Er ist überfordert und wird erschöpft. Deshalb achtet darauf, dass die Mahlzeit, die ihr

*Vata, Pitta und Kapha: die drei Konstitutionstypen nach dem Ayurveda

eingenommen habt, gut verdaut ist, bevor ihr wieder et-was esst.

Hört auf euren Körper, wieviel er will, und was er will. Manchmal will er etwas Salziges, ein anderes Mal etwas Süßes. Gib es ihm. Quäle den Körper nicht. Der Körper ist ein Tempel. Er ist heilig. Behandle den Körper auf gehei-ligte Weise, und richte Dich nicht nur nach Deiner Zunge. Gewöhnlich hören wir nur auf unsere Zunge und nicht auf unseren Bauch.

Erziehung

Ich habe gehört, Du hast in Indien eine Schule, in der die Kinder gutes Verhalten lernen?

Ja, in vielen Schulen. In Indien und in Italien pro-bieren einige Schulen diese neuen Methoden aus. Erinnert euch einmal an eure Klasse. Wieviele wart ihr, zwanzig, dreißig, vierzig Kinder? Wart ihr zu allen freund-lich? Nein, die vielen Jahre, die ihr in der Schule verbracht habt, wart ihr nur mit zwei, drei oder vier Mitschülern eng befreundet. Nur mit ihnen wart ihr zusammen, habt mit ihnen gestritten und habt sie geliebt.

»Schließe jeden Tag eine neue Freundschaft.« Diese Regel geben wir den Kindern. Das bedeutet 365 neue Freunde jedes Jahr. Das ist aufregend für die Kinder! Wisst ihr, es entspricht ihrer Natur. Sie sind darüber sehr glücklich. Sie treffen jemanden, sagen »hallo« und alle Hemmungen und Beschränkungen fallen von ihnen ab.

Ihr wisst, unsere Welt wird kleiner, aber wir wurden nie darin unterrichtet, ein erweitertes Bewusstsein zu haben. Das ist eine wesentliche Qualität. Was bedeutet Erziehung? Zu lernen, mit unserem Bewusstsein umzugehen, es zu erweitern und aufzupassen, dass es nicht verspannt und eingeschränkt wird.

Existenzangst

Ich habe es meist ziemlich schwer. Wie kann ich mit der Angst fertig werden, nicht genug zum Leben zu haben?

Deine Angst, Du könntest nicht genug Geld haben oder nicht genug Geld verdienen oder dass es nicht ausreichen könnte und dass Du verarmen könntest, zieht genau diese Situation an. Aber schau Dir die Vergangenheit an. Bist Du nicht versorgt worden? Immer, wenn Geld gebraucht wurde, war es für Dich da. Du hast nicht gehungert.

Ich sage euch, ihr werdet nicht hungern, habt keine Angst. Aber sitzt nicht nur herum und geht Tagträumen nach: »Das Geld wird schon kommen. Irgendwer wird kommen und mir Geld geben.« Nein! Das wird auch nicht passieren. Stellt euch auf eure eigenen Füße, seid nicht faul und seid gewiss, dass ihr mit allem versorgt werdet, was ihr braucht.

Fehler

Wenn wir doch wissen, was gut und schlecht ist,
warum machen wir trotzdem Fehler?

Wir machen Fehler aus Vergesslichkeit! Wenn wir sagen, wir wissen es, und machen trotzdem Fehler, dann heißt das entweder, man weiß es nicht wirklich oder man glaubt nur, es zu wissen. Es ist, als ob man sagt: »Ich weiß, dass da eine Tür ist.« Aber dann geht man los und stößt sich den Kopf an der Wand. So hat es keinen Sinn. Dann wissen wir nur oberflächlich. Auf feinerer Ebene aber glauben wir, dass etwas, das wir für falsch halten, uns trotzdem Freude oder Vergnügen machen würde. Darum wird unser Geist davon angezogen. Wie kann man das überwinden? Du brauchst eine *größere* Freude als das! Nur eine größere Freude, ein größeres Vergnügen kann Dich davon wegbringen, denn es ist die Natur des Geistes, sich von einer Freude zur nächsten zu bewegen. Er möchte mehr Freude, mehr Glück erfahren.

Fürbitte

Betest Du für Menschen oder sorgt die Meditation für alles?

Ich gehe nicht zum Gericht, also reiche ich auch keine Bittschriften ein. Glaubt ihr, Gott wüsste es nicht, und er kümmere sich nicht um euch?

Stell Dir Dein Kind vor und denke daran, wie sehr Du für Dein Kind sorgst, wie sehr Du es liebst! Glaubt ihr, das Göttliche sei weniger liebevoll? Weniger liebevoll als ihr? Es ist millionenmal liebevoller! All eure Beziehungen sind nur dazu da, euch einen kleinen Geschmack davon zu geben, wie diese unendliche Liebe ist, was diese bedingungslose Liebe ist. Ihr liebt euren Mann, eure Frau, euren Freund, eure Freundin. Seht, wie sehr ihr an ihnen hängt, wie sehr ihr euch ihnen hingebt. Glaubt ihr, das Göttliche sei weniger liebend als ihr? Das Göttliche tut alles für euch – und versteckt sich im Hintergrund, damit ihr euch wohler fühlt.

Angenommen, ich leihe Dir eine Gitarre, und dann erinnere ich Dich jeden Tag daran, dass ich sie Dir geliehen habe. Dann wirst Du keine Freude an der Gitarre haben. Aber wenn ich sie Dir leihe und Dir das Gefühl gebe, es sei Deine eigene, dann hast Du mehr Freude daran. Ebenso hat das Göttliche Dir die ganze Welt geschenkt – alle Beziehungen: Vater, Mutter, Bruder, Schwester, Mann, Frau, Feinde, Leute, die Deine Knöpfe drücken – so ein großes

Geschenk von allen Seiten. Es lässt Dich alle Geschmacks-richtungen erfahren: süß, sauer, scharf, mexikanisch, al-les. So eine Liebe! Solch unglaubliche Liebe!

Geben

Wie können wir einen ständigen Strom von Energie und Liebe von Dir bekommen?

Wenn Du beginnst, ihn anderen zu geben. Indem Du anfängst, anderen Liebe zu geben, wirst Du diesen Strom von Liebe und Energie erhalten. Was Du in mir siehst, ist genauso in Dir. Warum fängst Du nicht an, das anderen zu geben?

Gefühle

Jahrelang habe ich Dich so verehrt, und jetzt bin ich mir meiner Gefühle nicht mehr sicher. Ich glaube, mir mangelt es an Respekt vor Dir.

Was Dich tatsächlich ängstigt oder beunruhigt, sind Deine negativen Eigenschaften und wenn Du Dich mit ihnen identifizierst. Wenn ein negatives Ge-fühl in Dir aufsteigt, wirst Du erschüttert: »Oh je, ich bin so und so.« Und dann sagst Du sofort: »Ich bin so schlecht. So sollte ich nicht sein.« Und wenn Du anfängst, Dich dagegen zu wehren und dagegen anzukämpfen, was geschieht dann? Es dauert an.

Nun, schau Dir an, welches Gefühl gerade aufsteigt. Oft sagst Du: »Dies ist mein Gefühl. Ich fühle so.« Aber Gefühle verändern sich ständig. Deshalb lass sie kommen und lass sie gehen. Sei standhaft und Du wirst um so eher erkennen, dass alles nur Spaß und Wunder ist. Es kommt und geht und verschwindet. Aber Du bist rein. Du bist Ergebenheit. Du bist Liebe. Du bist Schönheit. Du bist Wahrheit. Du bist Erfüllung, und Du bist alles, nach dem Du Dich sehnst. Du bist wie Kristall, so klar und rein.

Und diese Gefühle – einige Wolken ziehen auf, ein paar Schatten ziehen vorbei. Was soll's! Warum solltest Du vor Schatten Angst haben? Schatten scheinen sehr groß zu sein, viel größer als Du, aber sie haben keine Existenz. Je kleiner das Licht ist, desto größer erscheinen die Schatten. Wenn es völlig dunkel ist, gibt es auch keine Schatten. Es ist also ein begrenztes Wissen, ein begrenztes Licht, eine begrenzte Sicht, die Schatten erzeugt. Und es lässt die Schatten riesig erscheinen.

Du ängstigst Dich vor Deinem eigenen Schatten. Deine kleine Hand scheint so groß zu sein. Dein Kopf ist über alle Maße vergrößert und Du kämpfst zitternd. Hab einfach ein bisschen Geduld. Hab Vertrauen, während der Lichtschein zunimmt. Wenn die Sonne den Zenit erreicht, wirst Du sehen, dass Deine Schatten verschwunden sind.

Das Sadhana* hier ist wie in einer Diskothek: So viele bunte Lichter fallen von allen Seiten auf Dich. Das hat Deinen ganzen Weg sehr leicht und angenehm gemacht, nicht trocken oder hart? Es ist sehr abwechslungsreich, also begib Dich da hinein. Und denk daran, dass es nicht nur Dir so geht. Viele haben viele verschiedene Gefühle. Jemand anderes fühlt: »Guruji sieht mich nie an. Vielleicht liebt er mich nicht.« Oder ein anderer bringt zum Ausdruck: »Ich bin unnütz. Ich werde ignoriert. Ich möchte mehr tun.« So viele von euch mit so vielen verschiedenen Gefühlen. Ihr tragt so viele Gedanken mit euch herum und, ach – Illusionen. Ich sage euch, das sind alles eure Schatten.

Geliebte

Ich lebe seit einigen Jahren in einem Konflikt. Mein Ehepartner und ich sind auf sehr verschiedenen Wegen. Wir haben Kinder. Ich fühle mich schuldig, weil ich lange Zeit in jemand anderen verliebt war. Das war ein beschämendes Geheimnis für mich. Bitte segne diese Situation, Guruji, und alle, die daran beteiligt sind. Bitte sage mir, was ich tun soll.

* spirituelle Übungen

*E*s gibt eine Geschichte von Mullah Nasrudin: Mullah Nasrudin gab seinem Freund eine Einladungskarte zu seiner Hochzeit. »Ich werde heiraten«, sagte Nasrudin. Sein Freund wurde ganz aufgeregt. »Oh, du Glücklicher, du heiratest das Mädchen, das du liebst!« – »Was sagst du da«, erwiderte Nasrudin, »willst du meine Liebe zerstören? Wenn ich das Mädchen, das ich liebe, heiraten würde, was würde dann mit meinen Abenden geschehen? Nein, nein, ich heirate eine andere.«

Verstehst Du? Die Liebe wird kurzlebig, wenn sie zur Routine wird. Nun, was soll man tun? Finde innere Sammlung. Wenn Du jemanden anschaust, können seine Gegenwart oder sein Anblick oder seine Gedanken eine intensive Steigerung Deiner Empfindungen auslösen. Aber wenn Du Dich an die *Person* hängst, statt die Empfindungen zu beobachten, wird das nicht lange anhalten. In sechs Monaten oder früher sterben die Gefühle ab. Und dann, ein paar Tage später, siehst Du jemand anderen und die gleichen Empfindungen steigen wieder in Dir auf.

Ich sage nicht, dass das schlecht ist. Es ist sehr gut! Du solltest jedesmal, wenn Du jemanden anschaust, von Liebe und Freude überwältigt werden. Das ist das Ziel im Leben.

Wenn aber das *Wissen* fehlt, kann man sehr ausschweifend werden. Wenn Du im Wissen gefestigt bist, siehst Du in jedem Deinen Liebhaber, Deinen Geliebten. Und nicht nur in Menschen, auch in Tieren und Bäumen. Wohin Dein

Blick auch fällt, alles sind Deine Geliebten, so als ob Du Deinen Allerliebsten siehst.

Deshalb wachse in Liebe und liebe mehr und mehr und mehr. Und entwickle gleichzeitig innere Sammlung und Zurückhaltung. Sieh, was in Dir vorgeht. Du siehst jemanden und etwas geschieht in Deinem Inneren. Es ist wie ein Energieausbruch. Eine Fontäne öffnet sich in Dir. Und was sagst Du dazu: »Oh nein, nein. Ich habe meine Frau. Ich liebe soundso. Wie kann ich das gleiche für eine andere Person fühlen, eine dritte, eine vierte?« Und Du fühlst Dich schuldig und unglücklich. Du versuchst, Dich zu verschließen, und ringst schrecklich mit Dir.

Es hat aber gar nichts mit der Person zu tun! Es ist die Energie in der Person, und es ist Deine Energie, die erhoben wird. Das ist ein gutes Zeichen. Du solltest so fühlen. Du solltest immer so fühlen, wenn Du irgendwen anschaust: »Oh!«

Und es gibt Zeiten und bestimme Umstände, wo das geschieht. Es geschieht zum Beispiel oft in unserem Ashram in Indien. Jeder verliebt sich in jeden. Ich sage dann gewöhnlich: »Nun passt auf! Wenn ihr den Ashram verlassen habt, wird es eine ganz andere Geschichte sein. Also trefft keine übereilten Entscheidungen.«

Seht, wir verbinden Liebe gedanklich mit Beziehungen, weil es das einzige ist, was wir kennen. Deswegen hat sich dieses Verhalten in uns festgesetzt. Doch wenn wir im Wissen wachsen, erkennen wir die Liebe in jedem. Im jetzigen Zustand ist es nur ein gelegentliches Ereignis, dann aber geschieht es ständig. Zuerst ist es ein seltenes Ereignis, dann aber bleibt der Zustand die ganze Zeit bestehen.

Generationsproblem

Lieber Guruji, ich möchte Deine Hilfe für meine Stieftochter erbitten. Sie ist ein wunderbarer Teenager, aber ängstlich und aufsässig...

*W*ir wissen alle, dass die Jugend eine sehr schwierige Zeit ist. Kinder brauchen die richtige Umgebung und Verständnis. Tu Dein Bestes, so gut Du kannst. Und höre nicht zu sehr auf die Gefühle und Worte der Kinder. Gib ihren Worten und Forderungen nicht zu viel Gewicht, denn sie wissen selbst nicht, was sie wollen. Einen Moment wollen sie dies, im nächsten das. Darum ist reife Führung nötig.

Und beurteile, was für sie mit Blick auf die heutige Zeit und die heutigen Bedürfnisse gut ist, nicht aus der Sicht Deiner eigenen Jugendzeit. Du musst sie in Bezug auf ihr Alter, auf diese Zeit und die Situation, in der sie sich befinden, betrachten und dementsprechend beraten.

Normalerweise sind die Einstellungen der Eltern um zwanzig Jahre zurück und die der Kinder der gegenwärtigen Zeit entsprechend. Das passt nicht zusammen und daraus entsteht Streit. Das ist das Generationsproblem. Ihr müsst euren Geist in die gegenwärtige Situation bringen, euch in ihre Lage versetzen, und dann sehen, wie ihr ihnen am besten helfen könnt. Aus diesem Blickwinkel müsst ihr sehen, aber gleichzeitig den Kindern auch eure Werte einprägen. Das ist sehr wichtig.

Genusssucht

Können Vergnügen Hindernisse für unser Wachstum sein?

Besessenheit von einem Vergnügen ist sicherlich ein Hindernis. Habt ihr schon bemerkt, dass ihr die Augen schließt, wenn ihr einen Genuss erlebt? Wenn ihr den Duft einer Blume riecht, schließt ihr dabei die Augen. Wenn ihr einen Geschmack genießt, sagt ihr »hmmm« und schließt die Augen. Wenn ihr gute Musik hört, schließt ihr eure Augen wie von selbst, nicht wahr?

Was bedeutet das? Es verrät euch das ganze Geheimnis, dass nämlich die Freude von *innen* kommt. Die Freude, die Du an der Musik, dem Geruch, dem Geschmack, an jeder Sinneswahrnehmung hast, kommt irgendwo von innen. Die Quelle der Freude ist innen. Eine Art von Meditation geschieht dabei. Aber wir kümmern uns selten um diese Quelle, wir blicken nach außen. Das Nach-innen-Sehen ist die Kunst.

Wenn wir von einem Genuss besessen sind, macht er uns keine Freude mehr, sondern wird zu einer Sucht, von der wir uns nur schwer befreien können. Zum Beispiel das Rauchen. Ein Raucher erlebt beim Rauchen keine wirkliche Freude, aber das Rauchen aufzugeben, bereitet ihm Schwierigkeiten und Unbehagen.

Gereiztheit

Ich lebe in einer sehr gereizten Umgebung. Wie kann ich das ändern?

Jeder einzelne erzeugt um sich herum ein Feld, das mit bestimmten Emotionen geladen ist. Diese Emotionen werden von dem bestimmt, was man zunehmend tut. Also, wenn wir jeden Tag etwas liebenswürdiger sind, dann erzeugt das eine entsprechende Atmosphäre um uns herum. Ist man frustriert und dieses Gefühl wächst, erzeugt das entsprechende Schwingungen. Je länger es andauert, desto mehr wächst diese Schwingung. Man wird sich jeden Tag etwas gereizter fühlen und entsprechende Situationen anziehen. Habt ihr das beobachtet?

Nun ist die Frage, wie man das loswird. »Ja, ich weiß, ich bin gereizt und in mir steckt sehr viel Grobheit. Wie werde ich die los?« Um das zu erreichen, ist der Atem hilfreich. Du musst einige Übungen machen, denn der Atem spült alle Negativität sehr schnell hinaus. Deshalb können Dich Atemübungen auch bei Deiner Meditation unterstützen – falls Du meditierst – denn sie machen den Geist ruhiger. Neunzig Prozent der Verunreinigungen in unserem Körper werden durch den Atem hinausbefördert, aber wir nutzen nur dreißig Prozent unserer Lungenkapazität. Es ist von großem Wert, sich um diesen Bereich zu kümmern, der so lange vernachlässigt worden ist.

In wenigen Stunden, verteilt über fünf bis sechs Tage, kannst Du ein paar sehr einfache Übungen lernen, die Du danach jederzeit, wenn Du willst, für zehn Minuten zu Hause machen kannst. Danach ist Dein Geist wieder klar und frisch. Es erneuert Deinen Geist. Darum ist die Atmung sehr, sehr wichtig.

Gesundheit

Müssen Gesundheitsprobleme verschwinden, bevor die Erleuchtung kommt?

Wenn ich zu viel Eis esse, kann ich Bauchschmerzen bekommen. Der Körper hat seine Grenzen. Natürlich sind Körper und Geist verbunden, aber Erleuchtung oder die Öffnung des Geistes ist so unumkehrbar und bleibend, dass eine kleine Krankheit, Erkältung, Fieber oder ähnliches, den Zustand des Geistes nicht beeinträchtigen können. Sie lösen nur verschiedene Empfindungen aus, die man beobachtet. Wenn Fieber kommt, kann man beobachten, wie das Fieber jede Körperzelle erfüllt, wie die Hitze sich im Körper bewegt. Es kommt und geht. Seht, es ist nur unsere Vorstellung: vollkommene Gesundheit. Auch Gesundheit kann man nur durch Krankheit verstehen. Wenn es keine Krankheit gibt, wirst Du den Wert der Gesundheit nicht kennen. Viele Erleuchtete sind krank gewesen. Diabetes, Bluthochdruck, Fieber, Erkältung, das kann geschehen. Der Körper ist der Körper. Aber das kann die Freude und Seligkeit des inneren Selbst nicht stören. Es kann das Lächeln nicht verdunkeln.

Gewohnheiten

Wie werde ich schlechte Gewohnheiten schneller los?

Wenn Du von einer Gewohnheit sehr gequält wirst, rechtfertige sie nicht. Gewöhnlich rechtfertigen wir uns für unsere Angewohnheiten. Wenn Du die Angewohnheit nicht rechtfertigst, wirst Du den Schmerz, den sie verursacht, wirklich fühlen. »Oh, diese Gewohnheit macht mich fertig und ich habe sie wirklich satt.« Wenn Du an den Punkt kommst, wird der Schmerz durch die Angewohnheit seltener. In dem Moment fällt sie von Dir ab. Wenn Du beim Fühlen des Schmerzes nicht dieses Ausmaß an Intensität durchmachst, bis die Gewohnheit von Dir abfällt, wirst Du sie nicht los. Eine andere Möglichkeit ist, die geistigen Übungen zu intensivieren: mehr Meditation, mehr Satsang, mehr Sudarshan Kriya. Das kann schlechte Gewohnheiten auch verändern.

Guter Umgang, Verzicht auf kurzfristigen Genuss oder Beschäftigung mit kreativer Arbeit kann auch Gewohnheiten verändern. Wisst ihr, die Kettenraucher rauchen weniger, wenn sie viel zu tun haben. Wenn sie nichts zu tun haben, rauchen sie eine Zigarette nach der anderen. Wenn Du immer beschäftigt bist, werden Deine Angewohnheiten verschwinden. Fühle den Schmerz wahrhaftig: »Diese Angewohnheit! Ich sollte sie überwinden. Ich will sie überwinden.« Und dann ergib Dich. Gebet steigt in Dir auf. Wenn Gebet aus dem innersten Selbst emporsteigt, ändert es Deine Körperchemie: Liebe entsteht.

Gier

Wie kann man mit Gier umgehen?

Mehr wollen. Mehr wollen, als man hat. Das nennt ihr gierig sein. Ein gieriger Mensch verlangt nach dem, was er nicht hat. Ein geiziger Mensch ist besorgt, das zu verlieren, was er hat. Also wird der Gierige unglücklich sein, weil er nicht hat, was er will. Und der Geizige hat Angst, und obwohl er Angst hat, will er nicht loslassen. Nur etwas Bewusstheit, und seine Angst wird verschwinden.

Noch etwas: Bist Du erfüllt durch das, was Du bereits hast? Genießt Du es wirklich? Du denkst vielleicht, dass Du es genießt, doch frage Dich selbst eindringlich, ob Du es wirklich genießt. Durch diese Frage kannst Du eine Menge über Dich selbst erfahren.

Und zweitens: Selbst wenn Du etwas festhalten willst, kannst Du es nicht. Auch wenn *Du* Dich nicht bewegen willst, nichts aufgeben willst – die Dinge bewegen sich von selbst. Alles wird von Dir gehen. Tatsächlich besitzt Du gar nichts. Man sagt, Gott würde über zwei Sachen herzlich lachen. Erstens, wenn ein Arzt einem Patienten sagt: »Machen Sie sich keine Sorgen, ich mache Sie gesund.« Und zweitens, wenn jemand sagt: »Dies ist mein Haus. Dies ist mein Auto. Dieses Grundstück gehört mir.«

Seht, das Land ist seit ewigen Zeiten da und jemand hat es seit zwanzig, dreißig, vierzig Jahren besetzt und sagt: »Dieses Land gehört mir.« Alles, was euch in diesem Leben gegeben wurde, ist dazu da, dass ihr es eine Weile genießt. Ihr müsst alles zurückgeben. Also genießt es und wisst, dass ihr es zurückgeben müsst.

Gott

Was ist Gott?

*W*as ist Gott? – Was ist *nicht* Gott? Was ist die Definition von Gott, wenn es überhaupt eine gibt? In dem Moment, wo man ein Wort ausspricht, hat man schon ein Konzept davon.

Was denkst Du, ist Gott? Das, was überall ist. Das, was allmächtig ist. Das, was für diese gesamte Schöpfung verantwortlich ist, für ihre Entstehung, ihre Erhaltung und ihre Auflösung. Allgegenwärtig, allmächtig, allwissend.

Doch dann sagen Leute: »Ich sehe Gott; ich möchte Gott sehen.«

Wenn Du Gott als irgendetwas sehen willst, als ein Objekt, dann ist er nicht überall. In dem Moment, wo Du Gott sagst, ist ein Abstand da. Dann bist Du nicht Gott, dann siehst Du Gott, und Gott ist nicht allgegenwärtig.

Gott ist kein Objekt der Wahrnehmung. Du kannst Gott nie sehen. Gott ist kein Objekt des Hörens. Gott ist kein Objekt des Schmeckens oder Riechens. Gott kann nicht durch die Sinne wahrgenommen werden und auch nicht mit dem Geist. Gott ist der Seher selbst. Der, der sieht, das ist Gott. Verstehst Du, was ich sage?

Raum ist Gott. Raum. Im Raum ist alles. Kannst Du Raum getrennt sehen? Es gibt drei Arten von Raum. Einer wird Bhutakash genannt, der Weltraum, der äußere Raum, in dem sich dieses ganze Universum befindet. Wo ist die Sonne? Wo ist der Mond? Wo ist die Erde? Wo sind die Sterne? Wo ist die Galaxie? Wo befinden sie sich alle? Sie befinden sich im Raum. Sie bewegen sich durch den Raum. Und sie lösen sich wieder in den Raum auf. Dieser gewaltige Raum wird Bhutakash genannt.

Und dann gibt es einen anderen Raum, der Chittakash genannt wird. Du schließt Deine Augen. In Deinem Geist ist eine Welt. Es gibt dort Eindrücke, Gedanken, Träume. All dies geschieht. Du lebst in dieser Welt, die Chittakash genannt wird. Die Visionen und all das, was Dir in den Sinn kommt, existieren in dieser Welt.

Und schließlich Chidaakash. Chidaakash ist jener Himmel des Bewusstseins, der alles durchdringt, überall. Dieses ganze Gerede über Gottesvisionen findet nur in Chittakash statt, im Geist. Chidaakash, das alles durchdringende Bewusstsein, die Grundlage der ganzen Schöpfung, ist das Göttliche. Das ist allwissend.

Du kannst Gott nicht zum Gegenstand Deiner Wahrnehmung machen. Wenn Du das tust, dann ist es nicht mehr Gott. Du kannst Gott leben. Du kannst Gott sein. Aber Du kannst Gott nicht sehen oder Gott als Objekt wahrnehmen.

Ist das sehr kompliziert?

Heranwachsende

Kannst Du etwas über die Beziehung von Eltern und Kindern sagen, wenn die Kinder erwachsen werden?

Du musst wissen, dass Du nur eine Tür für die Kinder warst, damit sie auf die Welt kommen konnten. Kinder werden Dir anvertraut, Du bist nur ein Treuhänder für sie. Sie kommen mit ihren eigenen Tendenzen. Jedes Kind hat seine eigenen angeborenen Eigenschaften und Anlagen. Wenn es älter wird, dann behandle es wie einen Freund.

Homosexualität

Ist es in Ordnung, wenn eine Frau eine andere Frau liebt?

Es ist in Ordnung, jeden zu lieben. Es ist für ein menschliches Wesen von grundsätzlicher Bedeutung, jeden auf dieser Welt zu lieben. Wenn Du mit Liebe aber körperliche Anziehung meinst, würde ich es weder gut noch schlecht nennen oder sagen, dass Du es tun oder lassen solltest. Bevor Du weitere Schritte unternimmst, beobachte, sieh in Dich hinein und betrachte die Gefühle, Emotionen, Empfindungen in Deinem Körper. Das wird Dich von aller Angst und von Schuldgefühlen oder irgendwelchen unangenehmen Dingen, die Du in Dir angesammelt hast, befreien.

Karma

Glaubst Du an Karma?

An etwas, das man nicht weiß, muss man *glauben*. Etwas, das man weiß, daran muss man *nicht* glauben.

Kinderkriegen

Guruji, ich habe den Wunsch, Mutter zu werden und ein Kind zu bekommen, aber die Ärzte sagen, es sei zu spät. Ich bin achtundvierzig. Ich kann die Hoffnung einfach nicht aufgeben. Was soll ich tun?

Was ist Dein Körper? Woraus Dein Körper gemacht ist, ist auch ein anderer Körper gemacht. Dein Körper gehört dieser Erde und genauso ist es mit jedem anderen. Fühle auf diese Weise! Erhebe Dich über dieses »mein Körper«. Es gibt nicht viel Unterschied. »Mein Körper« heißt, dass dieser Körper ein bisschen näher ist, der andere Körper ein bisschen weiter entfernt. Das ist alles. Der Geist ist allumfassend. Er ist überall. Sein ist überall. Fühle, dass Du die Mutter der ganzen Welt bist. Fühle, dass jeder Dein Kind ist. Jeder ist Dein Kind. Du wirst wachsen. Du wirst so eine Erfüllung finden, die man gar nicht ausdrücken kann.

Seht ihr, man denkt immer, man würde Erfüllung oder Freude durch etwas finden, das man derzeit nicht hat. Du hast keine Kinder, also wünschst Du Dir Kinder. Jemand, der Kinder hat, wünscht sich etwas anderes, vielleicht Enkelkinder. Sind Menschen, die Kinder haben, restlos erfüllt? Die Kinder müssen eine ordentliche Erziehung bekommen. Und wenn sie sich nicht anständig benehmen, dann macht man sich ihretwegen Sorgen. Wenn sie Drogen nehmen oder Alkohol trinken, dann leidet man darunter. Wenn sie jemanden heiraten, den man nicht mag, bricht es einem das Herz. Nicht, dass es schlecht wäre, Kinder zu haben. Es ist sehr gut. Aber denk darüber nach. Glaube nicht, dass die Zukunft dann nur rosig wäre. Alles hat seine Vor- und Nachteile. Unabhängig von dem allen sei glücklich, sei freudvoll, sei in der Gegenwart.

Kindererziehung

Wie sollte man Kinder erziehen?

Erzählt ihnen schöne Geschichten, aber das tut ihr ja sowieso. Zeigt ihnen Gewaltlosigkeit. Erzählt ihnen, dass auch Tiere Leben haben. Viele Kinder wissen nicht, dass auch Tiere Gefühle haben, dass sie Leben haben. Deshalb müssen sie darauf aufmerksam gemacht werden.

Wisst ihr, als wir Kinder waren, habe ich gesehen, dass einige Jungen Schmetterlinge gefangen und in Streichholzschachteln gesteckt oder an einen Faden gebunden haben. Ich mochte die nicht, die das taten. Obwohl die anderen Kinder überall herumliefen, um sie zu einfangen, wollte ich die Schmetterlinge lieber wieder freilassen. Als die anderen herumliefen, ging ich hin und ließ die Eingefangenen alle frei und sie flogen davon. Diese kleinen, zarten Schmetterlinge haben alle Leben.

In Indien werfen Kinder mit Steinen nach Hunden. Ich konnte das nie tun. Ich kann es nicht hinnehmen, wenn Menschen mit Steinen nach streunenden Hunden, Hühnern oder anderen Tieren werfen. Es sind doch lebende Geschöpfe. Und dafür wir können die Kinder empfänglich machen.

Und gebt den Kindern nicht diese schrecklichen Spielzeuge wie Gewehre oder Filme mit Schießereien und all dieser Gewalt im Fernsehen. Sie müssen vor so etwas geschützt werden. Denn wenn sie die Gewalt ansehen, wird sie eine normale Sache für sie. Wenn sie das wieder und wieder gesehen haben, dann bedeutet den Kindern das Schießen, ein paar blutige Wunden und Leute umzubringen nicht mehr sehr viel. Also, wenn ihr nicht gerade wollt, dass sie Krieger werden, dann behütet sie davor. Man kann es nicht gänzlich verhindern, dass sie Gewalt sehen, aber verhindert es, so gut ihr könnt.

Und ein anderer Rat, über den ihr nachdenken könnt, ist, ihnen kein Taschengeld zu geben. Bei uns im Haus gab es eine Schüssel mit Geld. Alles, was wir brauchten, durften wir daraus nehmen. Und wenn etwas übrig blieb, taten wir es in die Schüssel zurück. Wir haben nie Taschengeld bekommen. Es gab die Schüssel und so war Geld immer verfügbar. Wir nahmen, was wir brauchten, und wir sagten unseren Eltern, was wir genommen hatten. So gab es nie die Vorstellung: »Mein Geld, mein Geld, mein Geld.«

Seht ihr, die Kinder betrachten das Taschengeld als *ihr* Geld und hängen dann so sehr daran. Und wenn sie herangewachsen sind, dann kümmern sie sich nicht um die Erde, sie kümmern sich nicht um die Eltern, nichts anderes ist ihnen so wichtig, wie dieses Stück Papier. Also sorgt dafür, dass sie nicht zu sehr am Geld hängen. Die Kinder sollten fühlen, dass sie bekommen, was sie brauchen: ein Gefühl der Fülle von Anfang an.

Und dann vermittelt ihnen Vertrauen und Glaube an das Beten. Sag jeden Morgen und jeden Abend: »Warum betest du nicht? Was ist es, was du heute möchtest? Was möchtest du morgen? Setz dich hin und bete.« Nun, ihr könnt Kindern nicht einfach sagen, sie sollen beten, ihr müsst es ihnen vormachen: »Ich wünsche mir diese bestimmte Puppe. Ich wünsche mir die Puppe. Ich wünsche mir die Puppe.« Sagt ihnen: »Du wirst sehen, du wirst sie bekommen. Gott wird dir die Puppe geben.« So kultiviert ihr eine andächtige Haltung in den Kindern statt bloßer Forderung.

Einige Kinder werden sich auf dem Boden wälzen, wenn sie etwas nicht bekommen, und schreien und betteln. Ich würde dem Kind sagen: »Setz dich hin und bete. Gott gib mir eine Puppe. Ich möchte eine Puppe. Ich wünsche mir eine Puppe.« Lasst sie für das, was sie haben wollen, beten. Denn wenn sie beten, entwickeln sie eine Haltung des Bittens und der Andacht, statt nur zu fordern, und sind nicht enttäuscht und wälzen sich nicht auf dem Fußboden.

Ich sage nicht, dass man das völlig verhindern kann. Das ist unmöglich. Aber man kann es reduzieren und man kann weitgehend verhindern, dass das Kind emotional gestört wird.

Häufig werden die Kinder aggressiv. Ein wenig Aggressivität ist für ein Kind in Ordnung. Immer nur Ja und Amen sagen, wenn das Kind rebelliert, ist nicht gut. Wenn es gelegentlich rebelliert – in Ordnung. Immer nur liebe, nette Eltern zu sein, ist auch nicht richtig. Du willst immer eine gute Mutter sein. Aber auch die Mutter sollte die Kinder gelegentlich schelten. Das ist hilfreich. Wenn ein Kind nie mit jemandem zu Hause gestritten hat, dann ist es draußen völlig überfordert, wenn ein Fremder mit ihm streitet. Aber nichts im Übermaß. Wenn immer nur Streit herrscht, wird das Kind unfreundlich. Und wenn ihr gestritten habt, solltet ihr euch hinterher gleich wieder vertragen. Muntere das Kind auf. Es sollte die Stimmung vergessen und zum gegenwärtigen Moment zurückkommen. Und ihr solltet das auch tun, zeigt Ärger, aber haltet nicht daran fest. Kommt sofort in die Gegenwart zurück. Das ist ein gesundes Leben.

Ich sage euch, wenn ihr immer lieb und nett sein wollt, eure Kinder nie bestrafen wollt, dann ist das nicht gut für sie. Jetzt denkst Du, Du seist eine gute Mutter, aber wenn das Kind herangewachsen ist, wird es Dich beschuldigen: »Warum hast du mich nicht bestraft? Warum hast du mich nicht zurechtgerückt, wenn es nötig war?«

Ich habe einige sehr reiche Familien in Indien kennengelernt, die sprachen so lieb mit ihren Kindern: »Oh, mein Liebstes, was möchtest du? Oh, wie geht es dir? Oh, schmeckt dir das Essen oder möchtest du etwas anderes haben? Oh, du magst dies nicht?« Und die Kinder fühlen sich so elend, sie wollen da nur raus. Dann gibt es einen großen Riss zwischen Eltern und Kindern, wenn die Kinder vierzehn, fünfzehn, sechzehn werden.

Es gibt ein Sprichwort in Indien, das sagt, wenn ein Kind sechzehn wird, sollte man es wie einen Freund behandeln. Seid dann keine Eltern mehr. Eure Elternschaft ist also auf sechzehn Jahre begrenzt. Aber bis dahin tretet für das ein, was ihr zu sagen habt und sagt nein, wenn es nötig ist. Wenn man einem Kind sagen muss, dass es zu Hause bleiben soll, sagt: »Du bleibst zu Hause, und ich will nichts weiter hören.« Es ist gut so, ein bisschen streng zu sein. Das entwickelt den Schüler in ihnen, und dafür werden sie dankbar sein.

Konflikte

Wie kann man mit den Konflikten in einer Beziehung umgehen? Konflikte scheinen unvermeidlich zu sein.

Die Konflikte in unseren Beziehungen sind Projektionen der Konflikte in uns. Wir haben so viele Konflikte in uns. Wir sind in unserem Inneren nicht nur *eine* Person.

So viele verschiedene Dinge kommen in unserem Geist hoch. Gedanken kommen, unwichtige Gedanken, Gefühle, Emotionen – all das – und man weiß selbst nicht genau, was in einem los ist. Alles steht miteinander in Konflikt, aber irgendwie schafft man es zu existieren, lässt seine Beziehungen spielen und macht immer weiter, bis es zu viel wird und man verrückt wird.

In uns stecken also eine Menge Konflikte, und diese Konflikte werden in die Beziehungen projiziert oder in die Arbeit. Es sind nur Projektionen. Wenn wir also innerlich gelöst sind, wenn wir entschlossen sind, wenn unser Geist ungeteilt ist – glücklich, fröhlich, friedvoll, liebevoll – dann kann ich nicht erkennen, dass Beziehungen irgendwie belastet werden könnten.

Wir kennen Liebe als eine Handlung, nicht als einen Zustand unseres Wesens. Jede Handlung hat ein Ende. Wenn Du also jemanden liebst, wie lange kann das gehn? Kannst Du ihn immer weiter lieben – als eine Handlung? Nach einiger Zeit wirst Du müde, dann wirst Du ärgerlich und enttäuscht. Du fängst an, die gleiche Person zu hassen! Und dann dreht sich das Karussell weiter. Du liebst ihn wieder und es tut Dir Leid. Entweder bist Du ärgerlich auf Dich selbst oder Du bist ärgerlich auf den anderen. Entweder beschimpfst Du Dich: »Ich bin nicht gut, ich weiß nicht, wie man liebt.« Oder Du sagst: »Er ist es nicht wert, geliebt zu werden.«

Deshalb muss Liebe als ein *Daseinszustand* in uns entwickelt werden. Dann macht es nichts, was X, Y oder Z tun. Ihre Handlungen – nichts wird die Liebe in Dir stören, die Fülle der Liebe in Dir. Wie bei einem Kerzenlicht. Die Strahlen gehen gleichermaßen in alle Richtungen, doch wenn in einem Meter Entfernung eine Wand steht, werden die Strahlen bei einem Meter aufgehalten. Woanders können sie vier Meter, woanders fünf Meter weit scheinen. Die Kerzenflamme stört das in keiner Weise. Das ist Fülle.

Kontrolle

Kannst Du bitte etwas über Ergebung sagen? Ich habe Angst, vereinnahmt zu werden oder mich in einer Beziehung zu verlieren, sei sie nun menschlich oder göttlich. Und deshalb lege ich mich auch nie ganz auf etwas fest. Kannst Du mir helfen?

Dieses Wort Ergebung ist sehr furchteinflößend, weil wir es in dem Zusammenhang hören, dass eine Armee verloren hat und sich ergibt. Wenn jemand verloren hat, ergibt er sich. Ergeben wird mit einer Niederlage in Verbindung gebracht. Aber das ist nicht richtig, denn das ist Unterwerfung. Nur ein Tapferer kann sich ergeben. Ein Wissender kann sich ergeben. Ein Weiser kann sich ergeben. Was bedeutet Ergebung? Einzusehen, dass ohnehin alles längst dem Göttlichen gehört. »Ich habe keine Kontrolle.« Das ist Ergebung.

Dieser kleine Geist erkennt, dass er keine Kontrolle hat. Das gesamte Universum funktioniert ganz von selbst. Und es macht überhaupt keinen Unterschied, ob ich hier bin oder nicht. Es ist unbedeutend. Ob man auf diesem Planeten existiert oder nicht – der Planet bleibt und die Dinge werden geschehen, wie sie geschehen.

Auf die gleiche Weise erkennt man, dass das eigene Leben sich ereignet. Du ereignest Dich in diesem Ozean des Bewusstseins. Dein Herz schlägt ganz von selbst, Du lässt es nicht schlagen. Dein Atem geht von selbst. Schlaf kommt, Du wirst hungrig und bekommst Durst. Du fühlst Dich gut, Du fühlst Dich schlecht. Alle diese Phänomene ereignen sich in Deinem Leben. Wenn sich diese Erkenntnis einstellt, gibt es eine tiefe Entspannung. Vertrauen, ein Gefühl, zu Hause zu sein, und Fülle steigen in Dir auf. Das ist Ergebung.

Wovor hast Du Angst? Was denkst Du, was Du verlieren wirst? Wach auf und sieh, dass Du überhaupt nichts zu verlieren hast! Und selbst, wenn Du denkst, Du hättest etwas, das Du verlieren kannst, wielange kannst Du es festhalten? Was kannst Du festhalten?

Warum ist die Angst vor der Ergebung so groß? Fragt euch das einmal selbst. Ihr denkt, ihr würdet etwas verlieren. Ich sage euch, ihr werdet nichts verlieren. Ihr werdet das Königreich der Welt gewinnen und des Himmels. Beides! Eines in dieser Hand und das andere in jener Hand. Öffne Deine Hände, das ist Ergebung.

Es ist eure wahre Natur. Noch einmal, Ergebung ist keine Handlung. Es bedeutet nicht, sich wieder und wieder zu verbeugen und sich selbst hundertmal vorzusagen: »Ich ergebe mich. Ich ergebe mich.« Das ist keine Ergebung. Entspannt einfach in Frieden, und ihr seid ergeben. In allen Momenten, wo ihr euch sehr glücklich fühlt, still, angenehm, freudvoll, seid ihr bewusst oder unbewusst ergeben. Und in den Augenblicken, wo ihr euch steif fühlt, starr, unwohl, ängstlich, unglücklich – ich sage euch: dann seid ihr nicht ergeben.

Krieg

Wir sind doch alle miteinander verbunden. Für mich ist es deshalb sehr schwer zu verstehen, warum es immer wieder Kriege gibt. Könntest Du das bitte erklären?

Es hat in der Geschichte immer irgendwo Krieg gegeben. Krieg und Frieden wechseln sich ab wie Wechselstrom. Ihr wärt erstaunt zu sehen, wie die Länder, die im Zweiten Weltkrieg vollständig zerstört wurden, so schnell wieder stark und mächtig geworden sind. Deutschland, das besiegt am Boden gelegen hat, liefert heute Lebensmittel und andere Hilfsgüter nach Russland, von dem es besiegt worden war. Dasselbe gilt für Japan. Es ist so viel weiter fortgeschritten.

Wir glauben, nur Frieden helfe den Menschen. Aber das stimmt nicht. Auch Krieg hat eine Aufgabe. Er ist nicht wünschenswert, aber er ist nicht gegen die Naturgesetze. Bis jeder Mensch in höhere Bewusstseinsebenen erblüht ist, wird es weiter Kriege auf diesem Planeten geben. Das geht gar nicht anders. Ein Krieg spiegelt nur in vergrößertem Maßstab eine Tendenz, die im Einzelnen vorhanden ist. Ihr streitet andauernd mit Menschen um euch herum – oder mit euch selbst. Ist es nicht so, dass da Krieg herrscht? Dann nimmt er eine größere Dimension an. So, wie die Wissenschaft das Leben bequemer gemacht hat, hat sie auch den Krieg intensiver gemacht. In alter Zeit war das Leben nicht so bequem, darum war auch der Krieg nicht so verheerend.

Diese Neigung zum Streit ist sehr stark in den Menschen. Darum üben wir Sadhana, spirituelle Techniken aus, damit die Saat der Gewalt verbrannt wird, bevor sie aufgeht. Nur dann entsteht bedingungslose Liebe in euch. Sonst ist selbst eure Liebe gewaltsam. Richtet eure Aufmerksamkeit mehr auf Frieden und versucht, die Menschen etwas bewusster zu machen.

Wenn Leute einem Boxkampf zusehen, schafft das ihrer eigenen Streitsucht Erleichterung. Wenn ein sensibler Mensch das beobachtet, geschieht etwas anderes in ihm. Aber Boxen, Stoßen, Sich-Schlagen sind ein großes Volksvergnügen. Heute ist alle erfolgreiche Unterhaltung angefüllt mit Gewalt. Solange Gewalt den Geist der Menschen beherrscht, sind Kriege unvermeidbar.

Kundalini

Wie bringt man die Kundalini dazu, das Scheitel-Chakra zu erreichen? Wie bleibt man für immer friedvoll und im Samadhi?

Wie bringt man die Kundalini zum Scheitel-Chakra? Nun, wir werden morgen etwas mehr meditieren, dann werdet ihr verstehen, was Kundalini ist. Man braucht das gar nicht zu dramatisieren. Manche Leute machen einen großen Wirbel darum. Nicht nötig! Die

Lebenskraft nennt man Kundalini. Und nur wenn die Lebenskraft erweckt ist, kann Meditation geschehen, kann Interesse am Leben kommen, kann Liebe im Leben erblühen und Freude wachsen. Sonst ist man wie ein Stein.

Wir geben dem Thema nicht zu viel Bedeutung, wir gebrauchen nicht einmal das Wort, denn es ist so oft gebraucht und missbraucht worden, dass es eine Menge Verwirrung gestiftet hat. Wisse einfach, was geschieht, wenn Du Sudarshan Kriya ausübst. Jede Zelle des Körpers wird von Leben erfüllt. Da hat die Erweckung schon begonnen. Das ist die Energie. Das ist Kundalini.

Was heißt Kundalini? Topf. Der Körper ist der Topf, und die Energie im Topf wird erweckt. In kurzer Zeit geschieht sehr viel. Gib diesem Wissen noch etwas mehr Zeit. Nimm einmal an einem längeren Kurs teil, zehn, zwanzig Tage – und Du wirst sehen, dass dadurch so viel Energie erweckt wird. Und alles Wissen fließt dann in Dich ein.

Langeweile

Ich finde alles so langweilig...

*W*isst ihr, eines der Dinge im Leben, gegen die wir uns sträuben, ist Langeweile. Langeweile hat ein Geheimnis. Langeweile ist der Schlüssel zur Liebe. Langeweile und Liebe haben eines gemeinsam: Wiederholung.

Wenn man verliebt ist, wiederholt man immer wieder: »Ich liebe Dich. Ich liebe Dich.« Liebe ist nicht damit zufrieden, es *einmal* zu sagen, sie möchte es eine Million Mal sagen. Wiederholung ist das Wesen der Liebe, ist Teil von ihr –und genauso Teil der Langeweile. Wenn Du also ein wenig länger bei der Langeweile verweilst und tief hineintauchst, erreichst Du das andere Ende, das Liebe ist.

Die alten Weisen wussten um dieses Geheimnis. Darum empfahlen sie den Rosenkranz. Ob Du nun das »Ave Maria« betest oder »Om namah Shivaya«, nach einiger Zeit bist Du so gelangweilt.

Auch das Geheimnis des Mantras ist, dass es Dich so langweilt,es wieder und wieder zu wiederholen. Und dann öffnet die Langeweile eine Flutwelle von Energie in Dir. Und *das* erlaubt dem Quell der Liebe in Dir zu entspringen. Dann erkennst Du, dass Du nichts als Liebe bist. Du bist aus einem Stoff gemacht, der Liebe heißt. Und wenn Liebe da ist, gibt es keine Hindernisse mehr. Liebe ist die erhaltende Kraft in uns, die uns durch alle Hindernisse hindurchträgt.

Lebensenergie

Hier auf dem Kurs bekomme ich so viel Energie, aber danach verliere ich sie wieder. Kann man das verhindern?

*S*eht, in unserer täglichen Aktivität geben wir ständig auf vielfache Weise Prana (Lebensenergie) aus. Durch stundenlanges Fernsehen zum Beispiel gibst Du *sehr* viel Prana aus. Habt ihr bemerkt, dass ihr euch nach drei bis vier Stunden Fernsehen völlig müde und erschöpft fühlt? Oder wenn man stundenlang Musik hört, gleichgültig welche Musik, verliert man auch viel Prana. Wenn man sich überisst oder zu viel schläft gibt man viel Prana aus. Und natürlich beim Sex. Und wenn man immer weiter Prana verliert, ohne es wiederherzustellen, dann entsteht Depression, Überdruss, Dumpfheit und die Schönheit verschwindet.

Ein Übermaß an Genuss zerstört die Schönheit. Schönheit liegt nur in der goldenen Mitte. Jemand, der zu viel fastet, sich zu viele Härten auferlegt, verliert auch seine Schönheit. Aus zu viel Entsagung entsteht ein großes Ego. Menschen, die viel gefastet haben, haben keinen Glanz. Und bei denen, die zu viel essen, findet man auch keinen Glanz, kein Leuchten. Die, die zu viel schlafen, werden dumpf und schwerfällig. Sie verlieren ihren Zauber, ihre Schönheit. Und seht die Menschen an, die sich übertriebenem Sex hingeben, die sich für Pornografie interessieren, ihr Gesicht ist leer, es hat keine Schönheit. Und in denen, die Sex unterdrücken, seht ihr Angst, etwas Ungesundes.

Leichtigkeit

Ich nehme alles zu ernst im Leben, was kann ich tun?

Zuerst müssen wir zusehen, dass wir stabil werden. Wir müssen achtsam mit unseren Emotionen sein. Wir müssen uns innerlich reinigen. Wir schlafen, um die Müdigkeit loszuwerden. Aber der Stress und die Emotionen stecken zu tief in unserem Körper. Wenn Du frustriert wirst, dringt die Frustration in jede Zelle Deines Körpers ein. Wenn Du verärgert bist, sickert der Ärger in alle Zellen des Körpers. Deshalb muss man einige Übungen machen, um dies zu beseitigen: etwas Meditation, etwas Kriya, ein paar Atemübungen. Das kann das gesamte Nervensystem reinigen, und Du beginnst, von innen heraus zu erblühen. Dann ist man in seiner Mitte. Dann kann einen nichts erschüttern oder aus dem Gleichgewicht bringen.

Andernfalls wird unser Gleichgewicht oder unser Friede durch kleinste Ereignisse erschüttert. Jemand drückt einen Knopf und Du explodierst. Jemand sagt irgendetwas, und Dein Schlaf ist gestört, Dein Denken ist gestört. Dein Verhalten ist gestört. Du bist aus dem Gleichgewicht geraten. Diese Übungen sind dazu da, Dich zu sammeln, damit Du Dich nicht in irgendeiner Situation oder irgendwelchen Umständen verlierst. Du bist dann in der Lage, sie auf ruhige, friedliche Weise zu meistern. Das ist sehr wichtig.

Wann kann man ein Problem lösen? Wenn man es als Herausforderung sehen kann. Was ist der Unterschied zwischen einem Problem und einer Herausforderung? Wenn man etwas als Problem ansieht, dann ist man Teil des Problems, nicht Teil der Lösung. Wenn man etwas als Herausforderung sieht, ist man Teil der Lösung und nicht Teil des Problems.

Du kannst das Leben als Herausforderung, als Abenteuer sehen. Gehst Du auf Abenteuerreisen? Machst Du Bergsteigen oder sowas? Hier ist die Zeit, abenteuerlustig zu sein, auf viele Abenteuer zu gehen!

Ihr müsst übermütiger sein. Übermut ist gut! Euch ist so oft gesagt worden, artig zu sein. Ich sage euch, seid unartig! Spielt mit eurer Zeit und eure Persönlichkeit wird aufblühen. Es sollte nicht auf Kosten anderer gehen, aber ihr solltet mehr Spaß haben!

Die Kunst ist, über alles zu lachen, was einem auch zustoßen mag. Dann hat man etwas sehr Grundsätzliches im Leben erreicht. Es ist keine große Kunst zu lachen, wenn alles glatt läuft. Das tun alle. Aber jemand, der gebildet ist, der stark ist, der eine erblühte Persönlichkeit hat, sollte in der Lage sein zu lachen, wenn alles um ihn herum zusammenbricht. Lachen gibt Dir die Stärke, jede Situation zu meistern.

Einen Monat lang macht einmal diesen Schritt: »Wenn mir jemand eine Beleidigung entgegenschleudert, werde ich zuerst einmal lachen.«

Alle reagieren wie Maschinen. Jemand drückt einen Knopf bei Dir und Du braust auf. Ein anderer drückt einen anderen Knopf und Du reagierst. Wir sind wie Maschinen: Münze rein, Knopf gedrückt, Cola-Dose raus! Wir werden zu berechenbaren Maschinen. Doch Du kannst unvorhersehbar sein; dann wirst Du eine Menge Spaß im Leben haben. Es gibt eine Menge Spaß, den man im Leben haben kann, jeden Tag, in der Schule und überall. Wenn Du Dich leicht im Geist fühlst, frisch, leicht und glücklich, dann wird Dir auch das Lernen leicht fallen. Du musst etwas nur einmal lesen, und schon hast Du es verstanden.

Liebe

Meine Kindheit war erfüllt von der Liebe zu Christus. Später fand ich die Liebe zu Krishna und Rama. Für mich ist das alles ein und dasselbe. Stimmt das?

Wenn Gefühle aufsteigen, wird in eurem Körper etwas entfacht. Ich sage euch: Liebe ist die größte Macht. Liebe ist die größte Macht auf Erden, und Ergebung ist das Größte. Jemand, der sich hier ergibt, gewinnt. Wenn ihr euch ergeben habt, dann werdet ihr so mächtig, viel mächtiger als jeder Engel. Wenn ihr in diesem Zustand von Liebe lebt, kommen alle Engel und Götter, alle Wesen, um euch zu dienen. Dann müsst ihr nichts mehr tun und nichts mehr loswerden. Ihr habt es nicht nötig, Wissen oder Weisheit von irgendwem zu bekommen, und auch nichts anderes, nicht einmal von Engeln. Auch keinen Reichtum von der Göttin des Reichtums.

Du bist alleine auf diesen Planeten gekommen, und Du wirst alleine wieder gehen. Denkt daran. Was braucht ihr hier schon? Was ist es, das ihr hier wollt? Könnt ihr die fünfzig oder achtzig Jahre, die ihr hier seid, nicht einfach glücklich sein? Ihr seid hierhergekommen, um etwas zu geben, um zu diesem Planeten etwas beizusteuern. Was immer ihr von eurer Seite für die Menschen tun könnt, tut es einfach. Das ist alles. Es ist sehr einfach. Was versucht ihr festzuhalten, danach zu greifen oder zu erwerben? Warum wollt ihr immer mehr und mehr, entweder materiell oder spirituell?

Es gibt einen wunderbaren Vers in Tamil, einer südindischen Sprache: »Wenn du überhaupt um irgendetwas bitten oder beten musst, dann bete um Liebe, damit Dein Herz erblühen und alle Zeit voll Liebe sein kann.« Wenn es irgend etwas gibt, worum zu bitten lohnt, dann ist es Liebe. Denn selbst sie ist ein Geschenk! Liebe ist nichts, worauf Du stolz sein kannst, weil Du sie in Dir kultiviert hast, denn sie ist ein Geschenk.

Loslassen

Wie kann man sich ganz hingeben und loslassen?

Wisse, dass Du Dich nicht hingeben kannst! Was willst Du denn hingeben? Ergebung, Hingabe ist auch eine Illusion, denn Du *denkst,* Du besitzt etwas, und Du würdest es weggeben. Wenn Du Dich also nicht hingeben kannst, dann denk daran, dass Du *nichts* besitzt. Wenn Dir Hingabe schwerfällt, dann geht es mit Wissen leichter.

Was besitzt Du denn? Diese Welt? Diesen Körper? Es ist Dir alles gegeben worden, nicht wahr? Also kannst Du erkennen, dass Du nichts hast und nichts bist. Und das erzeugt ganz automatisch Ergebung, diese Qualität des Bewusstseins. Entweder erreichst Du Ergebung durch Wissen oder, wenn Du ein Gefühlsmensch bist, sagst Du: »Gut, ich gebe Dir alles hin.« Dann verwirklichst Du auch, dass Du nichts bist und das Göttliche alles.

Meditation

Ist Meditation der einzige Weg, Gott zu verwirklichen?

Es gibt viele Meditationstechniken, aber Meditation ist nötig. Ein Haus kann viele Türen haben, aber es muss eine Tür da sein, nicht wahr? Es muss ein Loch in der Wand sein, nur dann kann man durch die Wand gehen. Und dieses Loch wird Tür genannt. Meditation ist unverzichtbar. Die Meditation führt uns jenseits von Gedanken und Gefühlen, und wir erfahren die allerfeinsten Gefühle und die feinsten geistigen Ebenen. Ah! Das Königreich Gottes ist in Dir, im Inneren. Durch Meditation gehst Du nach innen.

Meister

Lieber Guruji, ich möchte Dir mein ganzes Herz schenken, aber ich empfinde auch für andere Heilige Liebe. Ist das in Ordnung?

Jedem, den Du siehst, sollte Deine Liebe zufließen, und das geschieht auch. Sieh die gleiche Schönheit in jedem. Jeder ist liebenswert. Blick hinter die äußere Hülle der Menschen, dann wirst Du Dich selbst in jedem sehen. Es ist nichts Falsches daran, jeden zu ehren und zu lieben, das ist schön. Aber dann will Dein Geist ein Problem daraus machen: entweder diese oder jene Person. Dann siehst Du die Dualität darin und gerätst in Verwirrung.

Wenn Du umfassend und bedingungslos lieben kannst, dann kannst Du das alles vermeiden, und dann erlebst Du, dass die gleiche Liebe jedem zufließt. Du pickst Dir nicht mehr einzelne heraus: »Oh, er ist ein Heiliger, den liebe ich. Aber der ist kein Heiliger, den liebe ich nicht.« Liebe ist Deine wahre Natur. Du kannst gar nicht anders als lieben.

Aber Du könntest für Deinen Geist ein Problem schaffen, wenn Du von anderen Meistern angezogen wirst und ihnen folgst. Du hörst jemandem zu – ein wunderbarer Heiliger, alles in Ordnung und Du machst zunächst weiter wie bisher. Dann sagt er, Du sollst dies, dies und dies tun und Du befolgst das. Dadurch vermischen sich viele Dinge und Dein Geist wird in eine schreckliche Verwirrung gestürzt.

Wenn Du zum Beispiel jemanden wegen Kriya fragst, dann sagt er vielleicht, Kriya sei nicht notwendig und Du solltest nur singen. Dann gehst Du zu einem anderen und der sagt, Singen sei nicht notwendig, Du sollst still sitzen und meditieren. Jeder hat Recht. Jeder hat seinen Pfad. Jeder hat seine bestimmte Methode, Dich anzuleiten. Aber wenn Du so viele Anweisungen hörst und Dich überall umschaust, wird Dir das nicht helfen, wirklich nicht.

Deshalb ist es das Beste, in *einer* Tradition zu bleiben und nur dieser zu folgen. Und das Wichtigste ist, wenn Du zu Deinem Meister kommst und ihm Dein ganzes Herz schenkst, dann wirst Du diese Liebe in jedem sehen. Du bist Teil davon, alle Aufteilungen im Geist verschwinden einfach, lösen sich auf.

Menge

Ich bin sehr gerne hier bei Dir, aber in dieser großen
Gruppe fühle ich mich ganz verloren. Woher kommt
das?

Einige von euch haben das Gefühl, diese große Gruppe sei zu viel für sie, diejenigen, die nicht an große Gruppen gewöhnt sind. Hm, ist es nicht so? Du fühlst Dich allein in der Menge. Du bewegst Dich allein durch die Menge. Nun, ihr seid ja noch für ein paar Tage im Schweigen. Wartet ab, es ändert sich etwas im Inneren: Erst fühlt ihr euch allein in der Menge und dann ist überhaupt keine Menge mehr da.

Wenn überhaupt eine Menge da ist, dann ist sie in Deinem Geist. Diese Menge bleibt sogar, wenn wir alleine sind. Selbst wenn Du ganz allein in Deinem Zimmer bist, dann ist da immer noch eine Menge in Deinem Kopf.

Ein Mann ging zu einem Heiligen und bat ihn darum, in die Meditation eingeführt zu werden. Der Heilige antwortete ihm: »Ich initiiere keine Gruppen. Geh!« Der Mann sah sich um, rechts, links, und erwiderte: »Nein, ich bin allein. Da ist niemand weiter da. Warum sagst Du das?« – »Ich initiiere keine Gruppen. Geh!«

Es ist eine Gruppe im Kopf. Es ist ein ganzer Zoo im Kopf. Als Gott die verschiedenen Gattungen geschaffen hatte, war sein ganzer Vorrat erschöpft. Deshalb nahm er ein wenig von jedem Tier und daraus wurde der Mensch.

Deshalb ist der Mensch eine Mixtur aus ein klein wenig Affe, ein klein wenig Löwe, ein klein wenig Tiger, Nachtigall und Pfau, Wolf, Schlange, Skorpion. Im menschlichen Wesen sind all diese Eigenschaften vereinigt.

Manchmal sind Menschen sehr lieb, machmal stechen sie, wie ein Skorpion. Die Wesenszüge aller Kreaturen sind im Menschen vorhanden. Das ist eine Menge, hm? Und der ganze Zweck unseres Daseins ist, aus der Menge *eins* zu machen, die verschiedenen Wesenszüge im Geist zu *einem* harmonischen Licht zu verschmelzen.

Deshalb lernt, allein in der Menge zu sein. Ihr werdet sehen, dass euch unglaubliche Kräfte daraus erwachsen. Dann werdet ihr nicht der Fußball der Meinung anderer. Dann kann nichts den Frieden und die Ausgeglichenheit erschüttern, die ihr seid. Wenn das erreicht ist, dann habt ihr wirklich Anteil an Gott.

Seht, wo ist der Geist in eurem Körper? Ist er an irgendeiner Stelle? Nein, er ist im ganzen Körper. Geist ist überall, im ganzen Körper. Aber hat Geist eine Form? Kann man Geist sehen? Nein. Hat der Geist irgend eine Farbe? Hat der eine einen blauen Geist, der andere einen roten oder gelben? Nein. Riecht Geist? Dein Körper kann stinken, Geist kann es nicht. Geist hat keinen Geruch. Geist hat keinen Geschmack. Richtig? Aber er ist da. Es ist Leben in Dir. Da ist Geist.

Auf die gleiche Weise ist das ganze Universum ein Körper. Du siehst das Universum. Du siehst die Welt. Du siehst

Berge, Wasser, Wolken, Sonne, Mond und Sterne, Bäume, Tiere. Das ganze Universum siehst Du, aber Gott, der das Leben des ganzen Universums ist, siehst Du nicht. Ein großer Geist, das ist Gott. Und Dein Geist ist Teil von diesem großen Geist, so wie dieser Körper ein Teil der Erde ist.

Wie ist Dein Körper entstanden? Was gestern Brot war, ist heute Blut. Was heute Blut ist, ist morgen Fleisch. Und was morgen Fleisch ist, wird in weiteren vierzehn Tagen Dein Geist, Dein Leben. Dieser Körper ist aus dieser Erde hervorgegangen, nicht? Dieser Körper gehört der Erde. Und der Geist gehört dem unsichtbaren Leben oder großen Geist, der das Universum durchdringt und der für alles Wachstum, für den Erhalt und die Auflösung verantwortlich ist.

Und wenn wir meditieren, wenn wir hohl und leer werden – was geschieht dann? Wir erleben diese Präsenz des Geistes. Das ist die Gegenwart Gottes. Dann haben wir Anteil an all den Eigenschaften des großen Geistes. Was sind das für Eigenschaften? Friede, Glückseligkeit, Freude, liebevolle Fürsorge, Verantwortlichkeit, schöpferische Kraft. Die Natur ist sehr schöpferisch. Es ist so kreativ, wie sich dies alles manifestiert. Die Natur liebt Spaß!

Nähe

Ich fühle mich von Dir nicht beachtet, wie kann ich
mich Dir dann nahe fühlen?

Du solltest Dich noch näher fühlen, wenn Du Dich
ignoriert fühlst. Wenn ein Meister nicht einmal ein
Einwickelpapier übersieht oder eine Blume in der Vase,
wie kann er dann ein gehendes, sprechendes, atmendes
menschliches Wesen übersehen, mit dem er verbunden ist?
Wie kann das ignoriert werden? Wenn Du dies verstehst,
fühlst Du Dich wahrhaft nahe.

Du bist mit dem Meister zusammen, um die Freude des
Meisters zu teilen, um das Bewusstsein des Meisters zu
teilen. Teile auch Du, was Du hast und urteile nicht: »Oh,
das ist Müll.« Der Meister ist bereit, jeden Müll in jeder
Menge zu akzeptieren. Wie Du auch bist, er wird Dich
umarmen. Er ist bereit zu teilen. Du musst nur von Deiner Seite auch teilen.

Negativität

Warum tendieren wir zum Negativen? Wie Du sagst,
wenn uns etwas Positives widerfährt, neigen wir dazu,
es zu bezweifeln, aber das Negative glauben wir sofort.
Was in uns verursacht dieses Verhalten?

as frage ich mich auch! Alle Menschen sind so herrlich, so wunderbar. Warum tendieren trotzdem alle immer noch zum Negativen? Das einzige, das ich mir vorstellen kann, ist Mangel an Bildung, an Bewusstsein und das Ansammeln von Stress und Verspannungen. Uns sind so viele Dinge beigebracht worden. Wir sind in vielem unterrichtet worden, zum Beispiel wie man Auto fährt. Wir lernen dies und das, aber wir haben nicht gelernt, mit unserem eigenen Geist umzugehen. Niemand hat uns das je beigebracht.

Wenn Du aus der Fassung geraten bist, was kannst Du tun, um Deinen Geist wieder in Ordnung zu bringen? Das haben wir nicht gelernt. Wir haben nicht gelernt, wie wir zurechtkommen können, ohne ruhelos und hitzig zu werden, wie wir jede Situation sanft meistern können. Solche Techniken und Methoden hat uns bisher niemand gelehrt.

Paradies

Ich bin im katholischen Glauben aufgewachsen und habe gelernt, dass es einmal ein Paradies gegeben hat, wo alles perfekt war und wo es kein Leiden gab. Irgendwie hat sich etwas geändert. Ich möchte zurück ins Paradies.

*D*as Paradies ist nicht irgendwo da draußen, es ist in Deinem Inneren. Wenn Du voll Liebe bist, wenn Du dienen kannst, wenn Du Dich selbst in anderen siehst, dann bist Du im Paradies. Und wenn Du vielen anderen Menschen hilfst, genauso zu werden. Das heißt, entfalte die göttlichen Qualitäten in Dir und in anderen, dann können wir hier und jetzt das Paradies auf Erden haben. Es ist nicht so, dass es irgendwann in der Vergangenheit ein Paradies gegeben hat und jetzt ist es verloren. So ist das nicht!

Es gibt zwei verschiedene Ansichten. Eine ist unsere religiöse Sicht, nach der der Mensch gefallen ist. Der Mensch war im Himmel und ist in die Hölle gefallen. Deshalb denken die religiösen Fundamentalisten, dass die alten Zeiten goldene Zeiten waren, dass die Gegenwart schlecht ist und dass in der Zukunft das Jüngste Gericht auf uns wartet. Deshalb sollte man sich gar nicht mit der Welt beschäftigen, denn es ist alles ganz hoffnungslos.

Die kommunistische Sichtweise ist, dass die ganze Vergangenheit unsinnig und nutzlos war und die Zukunft golden ist. Dies sind zwei Gegensätze. Die eine Seite tadelt die Vergangenheit, die andere sagt, die Zukunft sei übel und die Gegenwart hoffnungslos. Beide haben teils Recht, teils Unrecht. Ich sage euch, lasst beides los und lebt in der Gegenwart! Es gibt Gerechtigkeit, es gibt Recht, es gibt Ordnung. Das Paradies ist hier. Das Göttliche ist hier in diesem Moment in uns und immer bei uns.

Pfad

Wenn man nicht verheiratet, aber an das Leben mit einem Partner gewöhnt ist, können Hingabe und eine körperliche Beziehung für jemanden auf dem Pfad zusammenpassen?

Sieh mal, was steckt dahinter, wenn Du eine Beziehung möchtest, aber keine Verpflichtung? Angst! Es gibt auf Deine Frage keine allgemeingültige Antwort. Du musst die Situation betrachten. Gleich, was Deine Gewohnheiten sind oder was Du tust, Du bist auf dem Pfad. Was heißt es, auf dem Pfad zu sein? Sich zum Licht hinbewegen. Und was erwartest Du davon im Leben? Mitgefühl, mehr in Deiner Mitte zu sein, warmherziger zu sein und mehr auf Bewusstsein, Energie ausgerichtet zu sein, weniger auf Materie. Eine Bewegung vom Materiellen zum Spirituellen, vom Groben zum Subtilen. Richte darauf Deine Aufmerksamkeit.

Probleme

Ich habe so große Probleme in meinem Leben. Was kann man da tun?

In gewisser Weise helfen euch Probleme voranzukommen. Hindernisse sind nicht nur Behinderungen, sie sind Stufen des Fortschritts. Wenn dem Wasser ein Stein im Weg liegt, fließt das Wasser über den Stein hinweg. Wenn wir die Verbindung zu unserem Selbst haben und das Vertrauen, dass das Dasein, Gott, die Natur uns liebt, werden wir erkennen, dass uns in Wirklichkeit kein Hindernis aufhalten kann.

Blick einmal auf weit zurückliegende Ereignisse Deines Lebens zurück. Damals dachtest Du, es wäre das Ende, mehr könntest Du nicht ertragen. Aber Du lebst immer noch. Diese Augenblicke sind vorübergegangen, nicht wahr? Und Du weißt nicht, woher Dir die Kraft zugeflossen ist, die Situation zu überstehen.

Die Natur bürdet niemandem etwas auf, das er nicht tragen kann. Eure Last ist so bemessen, dass ihr sie bestimmt tragen könnt. Es ist kein *so* großes Problem. Das Problem besteht viel mehr in unserem Geist. Wir *glauben,* es sei ein großes Problem.

Propheten

Viele Kulturen und Propheten vieler verschiedener Traditionen haben über das Ende dieses Jahrtausends gesagt, Christus würde wiederkommen und der Mensch würde zum Himmel auffahren. Bitte, bitte sag etwas über die Wiederkehr Christi.

Menschen, die darauf warten, dass die Propheten kommen, hat es zu allen Zeiten gegeben.

Vor Moses warteten sie darauf, dass der Prophet kommt. Und Moses kam, aber nicht jeder glaubte, dass er ein Prophet sei. Manche glaubten völlig an ihn, einige halbherzig und einige gar nicht. Das gleiche geschah zur Zeit von Jesus. Die Leute warteten immer noch darauf, dass der Prophet kommen möge. Jesus kam und ging, aber jene warteten immer noch auf den Propheten. Das gleiche geschah zur Zeit Buddhas. Die Leute dachten, ein Avatar würde kommen. Dann kam Buddha, lebte lange und ging. Und immer noch warteten sie.

Es gehört ein Auge dazu, den Propheten zu erkennen! Es braucht Intelligenz und Herz, um die Gegenwart zu fühlen. Nicht jeder kann das. Wer das in jedem Augenblick und überall kann, ist schon angekommen. Und jene, die lieber warten, können darauf warten, dass ein Jahrtausendwechsel kommt. Das ist auch gut. Warten selbst ist eine schöne Übung.

Rauchen

Jai Guru Dev! Wie kommt es, dass ich den Kurs absolvieren kann, ohne zu rauchen, aber zu Hause schaffe ich das nie?

*D*enk nicht, dass Du es nicht schaffst! Das ist bereits ein Hindernis. Versprich Dir selbst: »Vierzig

Tage lang werde ich auf dieser Ebene bleiben, auf der ich bin.« Du wirst sehen, dass Du Dich in den vierzig Tagen gut fühlen wirst und Dein ganzer Körper sich schon verändert hat.

Reagieren

Wenn jemand ärgerlich auf mich ist, bin ich verletzt und bemitleide mich selbst, auch wenn er recht hatte. Wie sollte jemand, der Ärger abbekommt, reagieren?

Man braucht überhaupt nicht zu reagieren! Zunächst sieh Dir einmal an, was ihn verärgert hat und wie Du es wieder in Ordnung bringen kannst. Sei bewusster. Und wenn er aus seinem eigenen Stress heraus verärgert ist, lächele nur darüber und lass ihn seinen Frieden haben.

Schmerz ist ein Teil der Liebe. Glaube nicht, dass Du Schmerz vermeiden kannst. Es genügt schon, dass jemand, den Du sehr liebst, Dich nicht anlächelt, um Dich zu verletzen. Wenn Du ihn angelächelt hast und er aus Geistesabwesenheit nicht zurücklächelt, reicht das schon. Du bist verletzt.

Schmerz ist ein Teil der Liebe. Wenn Du gekränkt bist, bist Du mit der verletzlichsten Seite Deiner Natur in Berührung gekommen. Auch wenn Du liebst, bist Du mit dem verletzlichsten Aspekt Deiner Natur, tief im Inneren, verbunden. Wenn Du das annimmst, sind schon die meisten Probleme gelöst.

Wenn Du jemanden sehr tief liebst, musst Du wissen, dass Du möglicherweise auch einmal verletzt sein wirst. Und das liegt nicht in der Absicht des anderen, es liegt an Deinen Erwartungen. Ihr erwartet, dass sich jeder wie ein Erleuchteter benimmt. Vor allen von denen, die ihr liebt, erwartet ihr, dass sie sich wie Herr oder Frau Vollkommenheit benehmen. *Das* ist das Problem!

Es gibt zwei Möglichkeiten: Entweder bist Du gleichgültig, dann wirst Du nie verletzt. Oder aber Du liebst, dann kannst Du alle Jubeljahre mal verletzt werden. Das hängt davon ab, wie stark Du bist. Einmal alle paar Jahre, das ist in Ordnung.

Wenn Du mehr und mehr im Wissen gegründet bist, wird Dir Schmerz nicht mehr nahekommen oder nur sehr selten. Und wenn es passiert? Na und? Beobachte es einfach. Schmerz und Freude sind ein Teil des Geist-Körper-Gefüges. Auch wenn jemand noch so gesund ist, wird er irgendwann mal Kopf- oder Bauchschmerzen bekommen. Das ist unvermeidlich. Wenn jemand behauptet, er habe noch nie Schmerzen gehabt, glaub ihm nicht.

Körperliche Schmerzen gehören also zum Geist-Körper-Gefüge. Ebenso geht es auch gefühlsmäßig mal auf und mal ab. Bestimmte Erwartungen, einige Enttäuschungen, etwas Kummer und Schmerz, das gehört zur Welt dazu.

Lass sie kommen und gehen. Bleibe nicht zu sehr daran hängen. Und selbst, wenn Du darin steckenbleibst, komm zum Wissen zurück. Du bleibst ja nicht freiwillig darin stecken. Aber wenn es geschieht, was tust Du dann? Niemand möchte untergehen. Aber wenn Du untergehst, dann ist dieses Wissen das Seil. Halte Dich daran fest und geh weiter! Das kannst Du.

Religionen

Was ist der Unterschied zwischen den verschiedenen Religionen?

Tatsächlich gibt es keinen Unterschied. Alle Religionen haben eine Vorstellung von Gott. Sie sehen Gott als eine persönliche Erscheinung, und das Bild, das sie sich davon machen, ist von ihrer Kultur geprägt. Sie haben ein persönliches Verhältnis zu Gott. Das ist alles.

Nun, gewöhnlich hören wir, dass die verschiedenen Religionen sagen: »Dies ist der einzige Weg.« Wenn man sich das Alte Testament anschaut, dann wird Gott dort ärgerlich, wenn die Menschen andere Götter anbeten. Gott ist nicht glücklich über Menschen, die andere Ideen verfolgen. Und im Neuen Testament steht das gleiche. Jesus sagt: »Ich bin der einzige Weg. Komm zu mir und zu mir allein.« Oder nehmen wir den Buddhismus. Buddha sagt dasselbe: »Nimm Zuflucht zu Buddha.« Und nehmen wir den Hinduismus. Krishna sagt auch: »Du ergibst dich besser mir und nur mir, niemandem sonst.« Genauso heißt es im Sikhismus: »Nur Guru Nanak, niemand sonst.« Der Islam sagt es ebenfalls: »Du sollst niemand anderen verehren.« Was bedeutet das, wenn alle das gleiche sagen?

Genauso ist es mit der Verehrung von Götterbildern. Die Juden sagen, die Verehrung von Götterbildern ist nicht akzeptabel. Der Hinduismus sagt auch, Götterbilder sollen nicht verehrt werden. Trotzdem bietet der Hinduismus ein breites Spektrum für Götterbilder und Symbole.

Der Islam erlaubt die Verehrung von Bildern auch nicht, aber er verwendet den Halbmond mit dem Stern oder die Kaaba; und nun dienen der Halbmond und die Kaaba dem Zweck der Verehrung und die Christen verehren das Kreuz als Symbol. Die Menschen kommen ohne Götterbilder und Symbole einfach nicht aus.

Sogar die Kommunisten in Russland, die an überhaupt keine Religion glauben, haben ein Ritual. Jeden Tag zu Mittag schreiten sie mit Gewehren um das Lenin-Mausoleum herum. Der tote Körper dort ist längst verwest, ist überhaupt nicht mehr da, aber sie salutieren mit ihren Gewehren und schreiten um das Grab herum. Ob es der Lions- oder Rotary-Club ist, man kann jeden Club nehmen, sie haben alle ihr Ritual. Oder am Nationalfeiertag, da wird auch ein Ritual vollzogen, die Flagge wird gehisst und alle singen die Nationalhymne. Ob Ostern, Weihnachten oder Hochzeit, die menschliche Natur ist so beschaffen, dass sie ohne Rituale und Symbole nicht auskommt.

Heute dreht sich das ganze Missverständnis, aller Kampf in der Welt um die Symbole und nicht wirklich um den Wert irgendeiner Religion. Die Werte sind überall die gleichen. Jede Religion predigt Mitgefühl. Jede Religion predigt Liebe. Jede Religion predigt, dass es nur einen Gott, einen Geist gibt. Doch unglücklicherweise heben alle Religionen die äußeren Unterschiede hervor und erzeugen Angst im Geist der Menschen, um ihre Macht zu erhalten, ihrer eigenen Vorteile wegen. Die Juden werden damit eingeschüchtert, dass Gott auf sie zornig würde, wenn sie nicht tun, was verlangt wird. Die Christen werden damit eingeschüchtert, dass Jesus der Weg sei und wenn man etwas anderes glaubt, stecke der Teufel dahinter. Die Christen sind verängstigt. Die Juden sind verängstigt, die Moslems sind verängstigt. Und die sogenannten religiösen Leute, die die Verantwortung tragen, haben die Angst in den Köpfen der Menschen erzeugt. Sie erhalten ihre Religion als eine abgetrennte Identität und vergessen dabei, dass die spirituelle Dimension allumfassend ist.

Wenn jemand in diesen kleinen, engen Vorstellungen aufwächst, entwickelt er kein Gefühl der Zugehörigkeit zu anderen Menschen. Jemand der unter einem solchen Einfluss einer Religion aufgewachsen ist, denkt, nur dies und nichts anderes auf der Welt sei das Wort Gottes, deshalb müsse alles andere vom Teufel sein. All die wunderbaren Verse der Upanishaden müssen ein Werk des Teufels sein. Die ganze Lehre Buddhas ist nicht Gottes Wort. Diese Art Engstirnigkeit entsteht, wenn Menschen nicht das ganze Wissen der Welt kennenlernen. Das müssen wir verstehen. Wir müssen deshalb dafür sorgen, dass jeder Mensch, gleich wo er lebt, die gesamte Weisheit erfahren kann. Wir können ihnen auch einfach die menschlichen Werte, die Grundwerte nahe bringen und ihnen sagen, welche Unterschiede ihnen auch beigebracht wurden, es sind die gleichen Unterschiede, die von allen anderen auch behauptet werden.

Aber das Beharren auf einer bestimmten Religion hat auch einen Zweck. Welchen Zweck? Der Zweck ist, dass man sich auf *einen* Pfad konzentriert und sich nicht verzettelt. Aber das kann auch erreicht werden, ohne Furcht und Getrenntheit zu verbreiten. Versteht ihr, was ich sage?

Manchmal sind Kinder beim Essen ungezogen. Da stehen so viele Teller auf dem Tisch und die Kinder essen nicht von ihrem Teller, sondern fassen mit ihren Fingern in die anderen Teller. Tun Kinder das nicht? Dann ruft die Mutter das Kind zur Ordnung: »Nimm von deinem eigenen Teller. Iss nicht mit den Fingern. Bekleckere nicht den ganzen Tisch.« Jeder kann von seinem eigenen Teller essen, wenn er weiß, dass auf allen Tellern dasselbe Essen ist.

Eine große Beschränktheit besteht darin, dass Leute sagen: »Jesus ist großartig.« Warum? »Weil ich Christ bin.« Es ist also nicht wegen der Worte und Taten von Jesus.

Jesus ist großartig, weil ich Christ bin. Warum ist der Islam großartig? Weil ich ein Moslem bin. Warum ist Buddha großartig? Weil ich Buddhist bin. Das ist eine sehr kindische Betrachtungsweise. Wenn ein Moslem sagt: »Jesus ist großartig«, dann ist das viel wertvoller, als wenn das ein Christ behauptet, denn ein Moslem sagt das nicht aus egoistischen Motiven.

Jeder kann erkennen, dass diese verschiedenen Aspekte der Religionen den Weg weisen, dass alle Teil der Wahrheit sind, dass alle spirituell sind. Um sich zur Spiritualität zu bewegen, kannst Du Deiner Religion folgen. Du kannst religiös sein oder auch nicht. Wenn Du ein gutes Herz hast, wenn Du eine wacher, aufmerksamer, intelligenter Mensch bist, reicht das aus. Intelligente Menschen werden spirituell, unintelligente Menschen werden Fundamentalisten, religiös dogmatische Leute. Jeder intelligente Mensch sieht die Gemeinsamkeit, den gemeinsamen Faden in allen Religionen.

Nutzt die Werkzeuge der Meditation und der Pranayamas (Atemübungen), denn sie energetisieren euren Körper. Man sagt, der Geist kann von einem Schwachen nicht erlangt werden. Der Pfad ist nicht für schwache Leute. Spiritualität ist kein Weg für schwache Menschen, es ist der Pfad für die Starken. Da beißt sich die Katze in den Schwanz: Erst wenn Du auf dem Pfad bist, erlangst Du Stärke; bevor Du nicht stark bist, kannst Du nicht auf dem Pfad sein. Beides ist wesentlich. Spiritualität ist für die

Tapferen und nicht für Feiglinge, sie ist für die Starken, nicht für die Schwachen. Denn wenn man schwach ist, geistig, physisch, emotional, kann man in keiner Hinsicht etwas tun. Du kannst Dich nicht selbst lieben, Du kannst andere nicht lieben. Du gehst Dir selbst auf die Nerven, und Du gehst anderen auf die Nerven. Deshalb gibt es ein altes Sanskrit-Sprichwort, das sagt: »Selbstverwirklichung kann nicht von jemandem erlangt werden, der keine Stärke hat.« Deshalb müsst ihr stark werden. Und wie wird man stark? Durch richtige Ernährung, die richtige Menge an Essen, gute Nahrungsmittel. Stopft den Bauch nicht dauernd mit allem möglichen voll. Also: die richtige Menge Essen, die richtige Menge Schlaf, ordentliches Atmen, die richtige Menge von geistigen Übungen. Und ein angenehmer Geisteszustand, ein fröhlicher, ruhiger Geist, ein gesammelter Geist, ein wissender Geist.

Schicksal

Guruji, bitte sag uns, können wir unser Schicksal verändern? Wenn ja, wie? Oder werden wir einfach mit unserem Schicksal geboren?

Wenn Du einen Kuhstall betrachtest, dann hat die Kuh, die darin steht, eine gewisse Bewegungsfreiheit. Innerhalb der Umzäunung kann sie sich bewegen. Selbst die Tiere im Zoo haben ein wenig Freiheit. Aber über den Zaun hinaus haben sie keine Freiheit.

Ebenso habt ihr in eurem Leben eine gewisse Freiheit. Jeder Mensch ist mit einer bestimmten Freiheit ausgestattet. Aber *wie* frei er im Leben wird, ist unterschiedlich. Für uns haben Tiere überhaupt keine Freiheit. Die Natur beherrscht sie vollständig. Darum verletzen sie auch die Naturgesetze nicht. Habt ihr das bemerkt? Kein Hund wird sich überfressen und Verdauungsprobleme bekommen. Wenn es doch geschieht, muss er das von Menschen gelernt haben! Es ist sicher nicht seine Natur. Kein Tier schläft zu viel, überfrisst sich oder frönt übermäßigem Sex. Sie alle folgen bestimmten Naturgesetzen, denn die Natur beherrscht sie völlig.

Aber bei den Menschen ist das anders, sie haben einen gewissen Spielraum an Freiheit. Um freier zu werden, musst Du gesammelter sein, in Deiner Mitte. Je freier Du bist, desto weniger unglücklich bist Du. Wo die Freiheit aufhört, beginnt das Leiden. Und wir werden von unserem Geist gebunden. Die schlimmste Fessel unseres Lebens ist unser eigener Geist. Der Geist macht uns unglücklich. Der Geist bindet uns. Und was ist der Geist? Ein Bündel von Wünschen.

Ich würde den Menschen den Glücklichsten nennen, in dem Wünsche gar nicht erst aufzusteigen brauchen. Bevor ein Wunsch entsteht, ist er schon erfüllt. Schon bevor Du hungrig bist, ist das Essen da. Bevor Du durstig wirst, steht Wasser schon vor Dir. Du brauchst gar nicht danach zu suchen, es nicht einmal zu wünschen. Verstehst Du?

Die Glücklichsten sind die, in denen Wünsche gar keine Gelegenheit haben zu entstehen. Und glücklich sind die, in denen Wünsche aufsteigen und unverzüglich erfüllt werden. Du wünschst Dir etwas und schon wird es erfüllt. Weniger glücklich sind die, in denen Wünsche aufsteigen und es lange Zeit dauert und große Anstrengungen kostet, sie erfüllt zu bekommen. Lange Zeit, große Mühe, und wenn der Wunsch erfüllt wird, genießen sie es noch nicht einmal. Sie sind weniger vom Glück begünstigt. Und die haben am wenigsten Glück, deren Wünsche nie erfüllt werden. Sie gehen von Leben zu Leben...

Der Zweck all unserer Übungen, des Sadhana, der Meditation usw. ist, vom Unglück zum größten Glück fortzuschreiten. Dies ist also der Weg, mehr und mehr Freiheit im Leben zu erreichen.

Schmerz

Wie kann man lernen, einen Vater oder eine Mutter zu lieben, die einem weh getan haben?

Wenn Dir jemand Schmerz zufügt, dann tut er das, weil er nicht weiß, dass er Dir wehtut. Und Du empfindest den Schmerz, weil Du ihn liebst. Dein

Schmerz entspringt der Liebe. Du kannst nicht von jemandem verletzt werden, den Du nicht liebst. Aber wenn jemand, den Du liebst, nur irgend eine kleine Kritik ausspricht, nimmst Du es Dir sehr zu Herzen und es verletzt Dich tief. Wenn jemand, den Du liebst, Dir nicht zulächelt, genügt das schon, um Dich für Tage aus dem Gleichgewicht zu bringen. »Oh, der und der hat mich nicht angelächelt, nicht angesehen.« Das geschieht sogar hier. »Oh, Guruji hat mich nicht angesehen.« Ich beobachte jeden! Ich sehe all die Turnerei! Darum denke ich, gut, lass sie ein bisschen schmoren. Der Geist muss schön gar gekocht werden.

Bitte erinnert euch daran, Schmerz entsteht aus Liebe. Schmerz ist ein Teil der Liebe. Nehmt ihn als Teil der Liebe an. Das ist der Weg, den Schmerz zu heilen. Das zeigt uns das Symbol von Christus am Kreuz. Jesus ist das Symbol der Liebe, das Kreuz das des Schmerzes. Niemand weiß das. Viele glauben, man müsse Mitleid haben: »Oh, der arme Jesus starb für uns alle.« Er sei gestorben für die Sünden der Menschen, auch für die, die noch nicht einmal geboren waren, und sie dürften deshalb in Zukunft sündigen, weil er schon für sie gestorben sei. So ein falsches Verständnis! Schmerz ist Teil der Liebe.

Wenn jemand euch verletzt, so tut er das nur, weil er selbst eine noch tiefere Wunde in sich hat. Es ist nur ein Hauch davon, der zu euch kommt. Ihr könnt ihm gegenüber nur Mitgefühl empfinden.

Schuld

Bitte befreie mich von meiner Schuld. Ich fühle mich
sogar schuldig, darum zu bitten.

Schuld ist eine schneidende, eine tiefe Empfindung, die der Traurigkeit und dem Schmerz sehr ähnlich ist und ebenso der Liebe. Wenn Du Dich schuldig fühlst, versuche nicht, es wegzuwischen. Wenn es Dir nicht möglich ist, Deine Schuld loszulassen, dann lass Dich intensiv darauf ein. Sage Dir: »Gut, ich werde jetzt tief in die Schuld eintauchen.« Du wirst erfahren, dass die Schuld nicht mehr da ist, sie verschwindet, sie löst sich auf. Denk an dieses geistige Gesetz: Wogegen Du Dich wehrst, das wird fortbestehen.

Schüler

Geliebter Guruji, Du bist so wunderbar. Ich bin so
glücklich, wenn ich Dich nur anschaue. Aber ich bin
kein guter Schüler. Ich kann mich an vieles nicht
erinnern, was Du sagst hast. Ich...

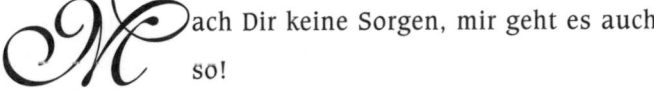

Mach Dir keine Sorgen, mir geht es auch so!

Seele

Könntest Du bitte über den Unterschied zwischen Seele und Bewusstsein sprechen?

Der Unterschied zwischen Seele und Bewusstsein ist wie der von Atom und Molekül. Bewusstsein ist der feinere, der generellere Aspekt der Seele. Seele ist ein spezieller Aspekt des Bewusstseins, eine spezielle Qualität des Bewusstseins. Das Bewusstsein, das spezielle Eindrücke hat, ist die Seele.

Du kannst zum Beispiel ganz allgemein von Luft sprechen. Luft ist Luft. Aber wenn Du Sauerstoff sagst, dann meinst Du eine bestimmte Qualität. Die individuelle Seele hat immer bestimmte, begrenzte Eigenschaften. Aber wenn man Bewusstsein sagt, dann bezieht sich das meist auf das universelle Bewusstsein, die allgemeine Art des Bewusstseins.

Bewusstsein ist wie Luft, aber es gibt unterschiedliche Arten von Luft. Es gibt scharfe Luft oder eine etwas riechende oder parfümierte oder frische oder staubige Luft usw. Dies sind bestimmte Erscheinungsweisen von Luft, die Du Seele nennen kannst. Dies ist das beste Beispiel, das man sich vorstellen kann. Aber wenn Du an die kosmische Seele denkst, dann kann man genauso gut kosmisches oder universelles Bewusstsein sagen.

Nun noch etwas zur spirituellen Dimension. Wir unterscheiden Seele und Bewusstsein: die individuelle Seele,

individuelles Bewusstsein und das universelle Bewusstsein, den großen Geist, das unbegrenzte Bewusstsein. Du
kannst spirituell sein, aber musst nicht an Gott glauben.

Man muss nicht an Gott glauben, um spirituell zu sein.
Das unbegrenzte Bewusstsein oder der große Geist, sagt
man, ist Gott. Das ist die Art und Weise wie der Buddhismus, der Jainismus, der Taoismus in großem Maße und
der Shintoismus in gewisser Weise an Gott glauben. Sie
glauben einfach an die Existenz von Bewusstsein und an
die Gesetze des Bewusstseins und des Karma.

Seitensprung

*Lieber Guruji, vor einem Jahr entdeckte ich, dass mein
Mann eine Affäre hatte. Es tut ihm sehr leid, aber ich
habe ein Problem: Ich kann es nicht vergessen und
vergeben. Ich liebe ihn immer noch, aber wenn er mir
nahe kommt, werde ich ärgerlich. Ich bin so empfindlich
geworden. Ich habe ihm blind vertraut und er hat mich
betrogen. Bitte hilf mir.*

Nun sieh mal, wenn Du jemandem vergeben
willst, ist das sehr schwer, fast unmöglich.
Denn wenn Du denkst, jemand hat einen Fehler gemacht,
dann machst Du ihn zu einem Schuldigen und die Verzei-
hung ist nie vollständig. Wenn Du ihn aber selbst als Op-

fer einer Situation siehst, dann wirst Du Mitgefühl haben.

Nimm einmal an, Du seist an seiner Stelle gewesen, dann wärst Du dazu getrieben worden, das aus Unbewusstheit oder aus einer Situation heraus zu tun, in der Du völlig die Kontrolle verloren hast. Du solltest Gott danken, dass nicht Du in dieser Situation warst! Wenn Du jemanden einen Fehler machen siehst, hat es keinen Sinn, ihm böse zu sein. Was hättest Du in derselben Situation gemacht?

Du kannst nur danken: Gott sei Dank war nicht ich an seiner Stelle! Bei jedem Fehler, jedem Verbrechen sollte man nur sehen: Gott sei Dank, dass ich nicht in derselben Lebenslage war! Versteht ihr?

Jeder Schuldige ist ein Opfer. Wenn man das versteht, gibt es keine Probleme im Leben, gibt es keinen Zorn, keinen Hass. Hass kann sich nicht mehr in Dein Leben einschleichen, denn Du siehst die ganze Wirklichkeit aus einer anderen Perspektive: mit einem Weitwinkelobjektiv.

Selbstmordgedanken

Jemand will sich das Leben nehmen, weil er mit seinen Schwierigkeiten nicht fertig wird. Was soll man ihm sagen?

Oft wollen Menschen, die von Selbstmord sprechen, nur etwas Mitgefühl und Zuwendung von euch. Wenn ihr sagt: »Oh, geh nicht, tu das nicht!«, gibt es ihnen die Nahrung, von der sie einige Zeit zehren können.

Selbstmitleid ist schlimm, und es ist auch schlimm, Selbstmitleid in anderen zu ermutigen. Man braucht wirklich einiges Geschick, um mit solchen Menschen umzugehen. Es ist eine intensive Hartnäckigkeit, die diese Menschen in die Depression führt. Sie beharren sehr hartnäckig darauf, wie etwas sein sollte. Wenn sie statt an der Enttäuschung festzuhalten nur nach innen eintauchen und ein wenig zur Ruhe kommen würden, ein wenig meditieren würden, würden sie aus ihren Problemen herauskommen. Die Probleme würden beginnen, sich aufzulösen.

Jedes Hindernis kann etwas Großes aus einem Menschen hervorbringen. Seht mal, wie viele Widerstände Mahatma Gandhi zu überwinden hatte oder Nelson Mandela. Aber weißt Du, wenn Du es bestehst und durch diese Widerstände hindurchgehst, wird es etwas Großes in Dir hervorbringen. Wenn Du nur dieses Vertrauen hast, wirst Du sehen, dass alles andere nur vorübergehend ist, wie jeder Augenblick vorübergeht.

Selbstsucht

Was macht Menschen gierig, selbstsüchtig und miss-
trauisch?

angel an dem Wissen, dass man Liebe ist. Wenn jemand weiß, dass er Liebe ist und dass er liebenswert ist, kann er nicht selbstsüchtig und gierig sein. Die ursprüngliche Ursache für Selbstsucht und Gier ist das Gefühl, von allen getrennt zu sein, sich nicht mit den anderen verbunden, eins zu fühlen, nicht das Gefühl zu haben, dass man dazugehört und alle zusammengehören. Ist es nicht so?

Wenn Du das Gefühl der Zusammengehörigkeit hast, dann fühlst Du keine Gier und Selbstsucht mehr. Und das erreichst Du als Schüler auf dem Pfad eines Meisters. Du verlierst diese Angst und dieses Gefühl der Getrenntheit. Du fühlst, dass wir alle eine große Familie sind, alle gehören zusammen. Ein tiefes Gefühl der Zusammengehörigkeit wird sich einstellen.

Für einen Meister gibt es keinen Fremden. Niemand ist ein Fremder. Für einen Erleuchteten gibt es keinen Fremden auf der ganzen Welt. Er sieht und trifft nur Menschen, die er kennt.

Sex

Bitte sprich über Sex.

*W*as willst Du über Sex hören? Der erste Trieb in Dir ist Atmen, der zweite ist Essen und Trinken, der dritte ist Schlafen und der vierte Sex. Das habt ihr erfahren seit wer weiß wie vielen Lebzeiten.

Immer wenn ein Trieb aufsteigt, gibt es drei Phasen, den Anfang, die Mitte und das Ende. In dem Moment, wo der Trieb erwacht, bist Du Dir der Mitte und des Endes nicht bewusst. Doch wenn Du Dich an die Mitte und das Ende des Triebes erinnerst, dann manifestiert sich der Trieb nicht als unkontrollierbares Ereignis, sondern er transformiert Dein Bewusstsein auf eine höhere Ebene.

Der Geschlechtstrieb ist etwas Natürliches. Von Käfern und Vögeln zu Pferden, Affen und Hunden bis hin zum Menschen gibt es diesen Trieb. Aber mit diesem menschlichen Körper hast Du das große Geschenk bekommen, die drei Phasen zu kennen.

Hast Du schon einmal erlebt, wenn Du Dich im Schlaf durstig fühlst und dann träumst, Du würdest ein Glas Wasser trinken, dass Du Dich dann nicht mehr durstig fühlst? Stell Dir vor, Du gehst mit dem Gefühl, hungrig oder durstig zu sein, ins Bett. Im Traum isst oder trinkst Du und dann hast Du keinen Hunger oder Durst mehr, weil die Mitte und das Ende des Triebes vollendet wurden. Auf diese Weise durchläuft es das Bewusstsein und lässt Dich frei und energievoll zurück. Dies ist ein wichtiger Punkt, den Du richtig verstehen musst. Wenn Du sehr wach bist, wirst Du begreifen, was ich sage.

Genauso ist es mit allen anderen Erfahrungen. Die ganze Natur ruft im Körper: Durst, Hunger, Ärger, Sex, Liebe – alle haben sie ihren Zyklus im Reich des Bewusstseins, im Reich des Geistes. Der Beginn des sexuellen Verlangens ist, auszugehen, sich umzusehen; die Mitte ist die Erfahrung eines alleingelassenen Bewusstseins, etwas Freude, etwas Glückseligkeit; und das Ende ist Erleichterung, Entspannung. Was geschieht während des Aktes? Du verlierst Energie und am Ende steht Trägheit.

Die Überreizung irgendeines Sinnes macht den Körper träge. Wenn Du die ganze Zeit fernsiehst oder eine lange Zeit Farben ansiehst, dann erkennst Du nicht mehr, wie herrlich die Farben sind. Aber wenn Du meditierst und hinterher die Augen öffnest, siehst Du, wie wunderbar die Farben sind. Genauso ist es, wenn Du Dir ununterbrochen Musik anhörst. Du verlierst die Sensibilität für die Musik. Welchen Sinn Du auch überstrapazierst, er verliert die Fähigkeit zu genießen, Du findest keine Freude mehr durch diesen Sinn.

Das Bewusstsein des Ergebnisses der Gesamtheit der Sinneseindrücke hebt Dich auf eine Ebene, wo Du in jedem Augenblick lebendig bist. Und das ist nicht weniger angenehm, nein, man ist hundertmal mehr voll Freude, Begeisterung und Energie. Das ist die ganze Transformation des Bewusstseins.

Stimmungen

Was soll man tun, wenn man während der Meditation oder beim Kriya Widerstand spürt, etwas geschehen zu lassen?

Widerstand ist Widerstand. Aber sieh zu, dass kein Widerstand Dich aufhalten kann. Wir sind keine Sklaven unserer Gefühle, aber wir benehmen uns so: »Oh, ich fühle mich so und so.«

Wenn Du zielstrebig und entschlossen bist, ist Dir gleichgültig, in welcher Stimmung Du bist. Was ist denn so wichtig an diesen Gefühlen? Du fühlst Dich gut, dann fühlst Du Dich schlecht, und dann fühlst Du Dich wieder gut und dann wieder schlecht. Deine Stimmung verändert sich dauernd. Deshalb sind wir verloren, wenn wir unser Leben auf Stimmungen gründen.

Sei kein Fußball Deiner Stimmungen. Beobachte einfach: »Gut, wollen wir mal sehen, was es ist.« Das ist Hingabe, das ist Entschlossenheit.

Sieh mal, immer wenn Du Dich irgend einer Arbeit verschrieben hast, zum Beispiel einem Medizinstudium, bist Du manchmal erschöpft und hast keine Lust, weiter zu studieren. Doch weil Du entschlossen bist, sagst Du: »Nein, egal wie ich mich fühle, ich werde weitermachen.« Dann hast Du Erfolg.

Sudarshan Kriya

Was ist Sudarshan Kriya? Wie funktioniert es und wie hilft es mir?

*S*udarshan Kriya bedeutet die richtige Sicht, die richtige Sicht Deiner selbst, Deines Seins. Seht, in der Natur ist ein Rhythmus wirksam. Es gibt verschiedene Jahreszeiten; Sommer und Winter wechseln sich in einem bestimmten Rhythmus ab. Und genauso ist es auch in Deinem Körper. Der Körper hat einen besonderen Rhythmus. Zu bestimmten Zeiten fühlt ihr euch hungrig. Zu bestimmten Zeiten fühlt ihr euch schläfrig. Zu bestimmten Zeiten werdet ihr aktiv. Der Körper folgt einem besonderen Rhythmus.

Genauso ist es auch mit dem Atem. Der Atem hat einen bestimmten Rhythmus. Und eure Gedanken haben auch einen bestimmten Rhythmus. Ihr durchlauft die gleichen Arten von Gedanken; es ist ein Kreislauf. Und eure Gefühle haben einen Rhythmus. Zu bestimmten Zeiten bekommt ihr die gleiche Art von Frustrationen, die gleiche Art von Freude, die gleiche Art von Beziehung, die gleiche Art von Depressionen – ihr durchlauft emotionale Zyklen. Habt ihr dieses Muster beobachtet? Und die gleiche Art von Zweifeln steigt auf, die gleichen Vorgänge ereignen sich in euch. Es gibt einen Rhythmus in den emotionalen Mustern. Und es gibt einen Rhythmus im Sein. Auch in der Stille ist ein Rhythmus.

Die Disharmonie in all diesen Rhythmen, das Chaos, ist die Ursache aller Störungen und aller Unruhe. Durch Sudarshan Kriya wird das beseitigt. Mit bestimmten, festgesetzten Rhythmen wird der gesamte Körper von Stress und Spannung gereinigt. Nach einer halben Stunde, nach fünfundvierzig Minuten, kannst Du spüren, dass Stress und Spannungen aus jeder einzelnen Zelle Deines Körpers verschwunden sind. Dadurch wird Dein Geist sehr klar und die Meditation wird tief und subtil. Es ist eine wunderbare und sehr wirkungsvolle Technik. Sie widerspricht in keiner Weise irgendeiner anderen Technik, die jemand praktiziert. Wenn Du schon eine Meditationstechnik ausübst, mach vorher fünf bis zehn Minuten Kriya. Das kann Deine Meditation so sehr vertiefen. Es kann Dein Herz öffnen, Deine Gefühle befreien. Es macht Deine Meditation sehr wirkungsvoll.

Um mit der Sudarshan Kriya anzufangen, ist es notwendig, die Technik an zwei Tagen unter Anleitung eines Lehrers zu üben. Danach dann kann man es für sich zu Hause fünf oder zehn Minuten machen. Immer wenn Dein Geist nicht in Ordnung ist, wenn Du Dich nicht gut fühlst, mach ein paar Minuten lang Kriya oder mach hin und wieder unter Aufsicht eines Lehrers die Kriya eine Stunde lang in der Gruppe. Das bringt Dich wieder in einen stabilen Zustand, und Du fühlst Frieden, Klarheit im Denken, Wachheit – dieses alles steigt ganz natürlich auf. Und in diesem Sechs-Tage-Programm, dem Kurs »Die Kunst des

Lebens« werden auch noch viele andere kleine Techniken vermittelt, mit denen die Kluft zwischen Deiner inneren Stille und der Aktivität der Gedanken überbrückt werden kann.

Seht, viele von euch fühlen sich sehr, sehr gut, wenn sie meditieren. Ihr seid still, ihr fühlt euch gut – und wenn ihr in die Aktivität kommt, dann empfindet ihr so eine große Kluft, so einen Kontrast. Der Unterschied, in der Welt aktiv zu sein und still in eurem Inneren zu sein, ist so groß für euch. Ein paar kleine Techniken überbrücken diese Kluft, Techniken, die man auch im täglichen Leben einsetzen kann.

Techniken

Ich habe in den letzten Jahren viele verschiedene Atemtechniken gelernt. Nun hätte ich gerne Deinen Rat, wie ich mit diesen Übungen weitermachen soll. Ich habe auch achtzehn Jahre lang Transzendentale Meditation und all die Fortgeschrittenenprogramme gemacht. Kann ich in Bezug auf andere Atemübungen, vor allem Tai Chi und Chi Kung, meiner Intuition folgen? Und kann man solche Techniken auch aus Büchern lernen? Ich denke besonders an Bücher über Tantra und andere Praktiken, mit denen die Verminderung der Energie im Eheleben vermieden werden kann.

*D*u kannst in Deiner Schublade zwei Dutzend Löffel haben, aber wenn Du Suppe essen willst, kannst Du nicht mit allen Löffeln gleichzeitig essen! Ein Löffel genügt. Ich habe nichts dagegen, dass Du mehr Techniken lernst oder Wissen sammelst, aber sei Dir darüber im klaren, dass Du durch das bloße Sammeln von immer mehr Techniken überhaupt nichts erreichst. Es ist nicht wie bei einer Briefmarkensammlung. Es befriedigt nur Dein Ego: »Ich habe so viele Techniken gelernt. Ich weiß das alles.« Lass das los und sei in Liebe und Hingabe. Du wirst sehen, wie Du aufblühst.

Tod

Lieber Guruji, würdest Du bitte darüber sprechen, wie man mit Angst umgehen kann, wie man als ein Mensch, der mit HIV lebt, mit der Angst vor dem Tod, der Verlustangst und der Angst vor Schmerzen umgehen kann? Danke.

*S*ieh mal, das geht nicht nur Menschen mit HIV oder AIDS so. *Jeder* muss sterben. Kranke Leute sterben, Gesunde sterben genauso. Ist es nicht so? Du denkst, nur kranke Leute sterben? Alle sterben, ob gesund oder krank. Der Arzt stirbt, Patienten sterben. Ein Reicher stirbt genauso wie ein Armer. Tod ist also eine unvermeidbare Tatsache. Selbst Heilige müssen sterben. Unheilige auch. Jeder stirbt. Warum betrachtest Du es nicht so?

Was ist die letzte Handlung im Leben? Der Atem strömt aus und kommt nicht zurück. Das ist es. Ende. Wenn der Atem geht und nicht zurückkommt, dann ist es zu Ende. Das ist der Tod. Verstehe, dass es nicht der Tod ist, der Dich so ängstigt, es ist viel mehr die Angst vor dem Tod. Es könnte auch Angst vor allem Möglichen sein, Angst vor Krankheit, Angst vor Menschen, Angst vor dem Leben, Angst vor Liebe. Was ist mit diesen verschiedenen Emotionen? Was ist Lust? Was ist Hochmut? Was ist Angst? Du wirst jede einzelne davon durchmachen. Bemitleide Dich nicht selbst.

Das größte Problem mit AIDS-Patienten ist, dass man Mitleid mit ihnen empfindet. Und dann kommt Selbstmitleid auf: »Oh, mir wird es genauso gehen. Ich bin von dieser Krankheit angesteckt. Es gibt keine Hoffnung für mich.« Verbinde diese beiden Dinge nicht miteinander. Ein einzelnes Leben ist kurz. Es ist für jeden kurz. Du lebst vielleicht noch zehn Jahre, wer weiß das schon. Und gesunde Menschen sterben vielleicht schon in fünf Jahren. Wenn Du mit dem Virus infiziert bist, lebst Du vielleicht noch zehn Jahre.

Welche Garantie gibt es im Leben? Es gibt in Wirklichkeit keine Lebensversicherung. Es ist nur eine Geldversicherung für andere, ein Schutz für die Familie. Dein

Leben wird dadurch nicht gesichert. Wir haben falsche Vorstellungen. Wir können mit Geld von der Bank kein Leben kaufen. Das Leben ist so wertvoll. Wenn wir es also selbst in der Hand haben, warum sollten wir uns dann darüber Sorgen machen, warum sollten wir Angst haben? Beobachte, sieh Dir dieses Leben genau an, nimm Anteil daran! Lebe jeden Augenblick mit mehr Freude! Wir sind unter Tränen auf diese Welt gekommen, weinend, wir müssen das nicht auch in der letzten Minute tun. Wir können mit einem Lächeln gehen.

Während Deiner Lebenszeit sei also lebendiger und lächele mehr. Lächele und bring die anderen um Dich herum zum Lächeln. Das ist alles, worum es im Leben geht. Was soll's, wenn Du hundert Jahre lang lebst und die ganze Zeit murrst und grollst und Dich elend fühlst? Worin besteht dann der Spaß, so lange zu leben?

Schau Dir Komapatienten auf der Intensivstation an, die an all den Schläuchen hängen. Sie sind noch immer lebende Menschen. Alle ihre Verwandten hoffen: »Lass ihn schnell sterben.« Aber sie trauen sich nicht, das zu sagen, weil sie nicht wollen, dass ihre Verwandten sterben. Doch gleichzeitig möchten sie, dass sie diesen Zustand schnell hinter sich bringen. Es hat keinen Sinn, auf diese Art lange zu leben.

Selbst wenn das Leben kurz ist, macht das nichts. Es sollte ein Leben voll Enthusiasmus, Freude, Liebe und Ausstrahlung sein. Ist es nicht so?

Transformation

Ich bin sehr an meiner persönlichen Transformation interessiert und auch an der Transformation der Gesellschaft. Ist das auch nur eine Illusion, die man aufgeben muss?

Du kannst gar nicht anders, als Dich um Transformation zu bemühen, bis Du eine völlige Öffnung fühlst. Es ist das gleiche, als ob Du durstig bist. Du möchtest etwas Wasser, etwas zu trinken. Doch wenn der Durst erst einmal gestillt ist, dann ist es Dir gleich, ob da zehn Flaschen mit Saft oder Wasser stehen oder nicht, richtig? Das geschieht von selbst. Die Sehnsucht ist genauso spontan und natürlich. Es hat keinen Zweck, sie mit intellektuellem Gerede unterdrücken zu wollen oder zu denken: »Ich sollte damit aufhören.« Wie kannst Du damit aufhören, wenn es ein so tiefes Verlangen in Dir ist? Es geht nicht. Und wenn Du es versuchst, wird es nur noch mehr Konflikte erzeugen. Deshalb entspann Dich und gib Dich diesem Verlangen hin. Wenn Du dieses starke Verlangen nach Selbstentfaltung hast, dann kümmere Dich darum. Wenn Du die Gesellschaft um Dich herum verbessern willst, dann tu das. Du kannst das machen, aber nicht in einer gespannten und gestressten Verfassung, sondern voller Freude. Mach es als Ausdruck von Freude.

Übel

*Ich glaube, dass Gott alles in diesem Universum
geschaffen hat, aber ich sehe viel Übel und Leiden.
Wenn Gott vollkommen ist, wie ist das möglich?*

Ja, sieh nur, die Welt basiert auf Gegensätzen. Sie benötigen sich gegenseitig, sie widersprechen sich nicht. Wenn Du das Leiden in der Welt siehst, dann ist das für Dich und viele andere Menschen eine Gelegenheit, mehr Mitgefühl zu entwickeln und Anteil zu nehmen, damit sich eure Herzen öffnen können. Verstehst Du das? Es gab eine Dürrekatastrophe in Äthiopien und Millionen von Menschen überall auf der Erde, die sich sonst nie für soziale Aktionen engagieren, haben gespendet. Und Kinder in Äthiopien haben eine viel bessere Ernährung als sonst bekommen. Blick nur ein wenig hinter das Erscheinungsbild der Dinge, und Du wirst überall Vollkommenheit entdecken.

Unruhe

*Was kann man tun, wenn man so unruhig ist, dass es
schwer fällt, zur Ruhe zu kommen und Kriya und Meditation zu machen? Wenn ich vom Kurs nach Hause
komme, bin ich eine Weile gesammelt, aber dann*

rutsche ich wieder in die alten Muster und lasse mich
von meiner verrückten Umgebung beeinflussen.

das, wogegen Du Dich wehrst, dauert an. Ob Tamas (Dumpfheit) oder Rajas (Unruhe) oder Sattva (Friede) – sie kommen und gehen. Wenn sie kommen, widersetze Dich ihnen nicht. Lass Dich von ihnen nicht erschüttern. Denke nicht: »Oh, das sollte nicht geschehen! Das sollte nicht geschehen! Das sollte nicht geschehen.« Sieh, die Erkenntnis eines Fehlers kommt, wenn Du unbefangen bist. Nur wenn Du Distanz zu dem Fehler hast, erkennst Du, dass Du einen Fehler gemacht hast. Das ist das Kennzeichen von Fehlern.

Die Erkenntnis eines Fehlers kommt Dir in der Gegenwart. Und im gegenwärtigen Augenblick bist Du bereits über den Fehler hinaus, bist Du unschuldig. Statt über die Vergangenheit zu grübeln, wachst Du einfach auf und erkennst: »Jener Fehler hat sich eingeschlichen. Gut, wie geht es weiter?« Sonst bleibst Du darin hängen, Dir Selbstvorwürfe zu machen: »Oh, ich habe das falsch gemacht. Ich habe das falsch gemacht.« Und weißt Du, was der nächste Schritt ist, wenn Du Dir dauernd Selbstvorwürfe machst? Du versuchst, damit aufzuhören, und dann versuchst Du, die Vorwürfe jemand anderem zu machen. Das ist, als ob Du mit dem Mülleimer dasitzt und wartest, dass jemand kommt, damit Du ihm den Eimer über den Kopf kippen kannst. Und Du denkst, der hält still! Nein, er gibt es Dir zurück! Und dann ist es wie beim Basketball, der Ball fliegt hin und her, wieder und wieder. Wenn Du aus diesem Spiel raus willst, erkenne: »Oh, dieser Fehler ist geschehen. Gut, wie geht es weiter?«

Ohne den Fehler zu rechtfertigen, erkenne ihn einfach. Was tun wir gewöhnlich? Wir machen einen Fehler und dann versuchen wir zu sagen: »Nein, was ich getan habe, war richtig.« Wenn man so urteilt, will man sich rechtfertigen. Warum rechtfertigt man sich? Man will sich nicht schuldig fühlen. Aber diese Rechtfertigung beseitigt nicht die Schuld, weil man weiß, dass die Rechtfertigung nur oberflächlich ist. Es trägt nur dazu bei, sich noch schuldiger zu fühlen.

Darum sage ich, wenn Du Schuld empfindest, versuche nicht, die Schuld zu unterdrücken. Fühle Dich wirklich schuldig! Fühle hundert Prozent Schuld. Und diese Qual, diese Schuld, diese Traurigkeit selbst werden wie eine Meditation, werden Dich von der Last befreien und Dir Frieden bringen. Verstehst Du, was ich sage?

Gewöhnlich wird überall verbreitet, man sollte keine Schuld tragen, also rechtfertige Deine Schuld. Rechtfertige Deine Handlungen, damit Du Dich nicht schuldig fühlst. Doch welche Rechtfertigung Du auch findest, die Schuld bleibt in Dir, halbgare Schuld, die für immer bleibt. Du widersetzt Dich der Schuld, und sie dauert in Dir an. Und andauernde Schuld bringt Dein Verhalten durcheinander. Tief im Inneren trübt die Schuld Dein Verhalten. Es ist ganz in Ordnung, sich wegen der Fehler, die man begangen hat, elend zu fühlen. Also fühle Dich eine kurze Zeit vollkommen elend, fünf oder zehn Minuten, fünfundzwanzig Minuten, nicht länger. Und dann bist Du frei davon, verstehst Du das?

Das hat mit Ergebenheit zu tun. Nehmen wir an, Du sollst morgens um sechs Uhr zur Meditation kommen. Aber Dein Körper tut weh, Du fühlst Dich schlapp. Du schaffst es nicht. Und Du fühlst Dich schuldig: »Oh, ich bin nicht zur Morgenmeditation gegangen.« Richtig?

Hast Du nicht das Recht, traurig zu sein, dass Du etwas, das Du tun wolltest, nicht tun konntest? Und schließlich hast Du in Deinem Zimmer meditiert, weil Du den Schmerz so tief gefühlt hast. Und den Schmerz zu fühlen bringt Stärke. Wenn man statt dessen denkt: »Ach, das macht doch nichts. Wir sollten nicht so kleinlich mit den Regeln sein. Was macht es schon, nicht zur Meditation zu gehen; es ist sowieso alles Meditation.« Diese Rechtfertigung hilft nicht.

Es gibt zwei Arten von Sadhaks (Suchern), den fähigen und den unfähigen. Der fähige Sucher erkennt die Wahrheit und handelt danach. Aber auch der unfähige Sucher, der Fehler macht, ist ein Sucher, weil er an seiner Unfähigkeit leidet. Und dieser Schmerz selbst wird zu einem Gebet und macht Dich zum Sucher. Das ist der Grund, warum der unfähige Sucher das Ziel genauso erreicht, wie der fähige. Beide erreichen dasselbe Ziel. Wenn Du den

Schmerz wirklich fühlst, wenn Du traurig über Deine Unfähigkeit bist, dann bist Du auf dem Pfad.

Was ich sage ist sehr subtil. Ihr müsst wirklich gut zuhören. Diese Unterscheidung ist so subtil und tief, aber man muss sie verstehen. Zu keinem Zeitpunkt kann man *nicht* auf dem Pfad sein. Versteht ihr? In jedem Augenblick gibt es Fortschritt. Wenn also Unruhe in Dir aufkommt, mach Dir nicht zu viele Sorgen darüber. Lass sie zu und mach einfach weiter.

Unzufriedenheit

Wie kann ich das ständige Murren in meinem Kopf abstellen?

Betrachte alles, was Du hast, und sei dankbar dafür. Wenn Du dankbar bist, kannst Du nicht murren. Du hast Augen. Du kannst hören. Du hast eine Nase zum Riechen. Du hast eine Zunge, die Dir sagen kann, ob es Pizza ist oder ein Apfel. Neulich kam jemand zu mir und sagte: »Guruji, ich habe den Geschmackssinn verloren. Ich weiß nicht, was ich esse. Alles schmeckt gleich.« Ich habe geantwortet: »Das ist eine interessante Erfahrung.« Also sei dankbar für alles, was Dir geschenkt worden ist, und Dein Murren wird aufhören.

Vergebung

Kannst Du mir etwas sagen, das es mir leichter zu macht, Menschen, die mich verletzt haben, zu vergeben?

Denke, dass sie nur Puppen sind. Sie haben nicht die Absicht, Dich zu verletzen. Und wenn sie Dir weh tun konnten, dann nur, weil Du sie liebst. Schmerz ist ein Teil der Liebe. Wenn Du jemanden liebst, genügt es schon, dass er Dich nicht anlächelt, und Du bist verletzt. Schon kleine Dinge tun Dir weh. Ein Wort, das ihm herausrutscht – er meint es nicht einmal so –, kann Dich tief verletzen. Nimm Schmerz als eine intensive Empfindung und beobachte sie.

Ich sage Dir, niemand möchte Dir bewusst weh tun. Setz mal eine Anzeige in die Zeitung: »Wer will, kann mich verletzen. Am Sonntag stehe ich zur Verfügung. Ihr könnt mich anrufen oder besuchen, um mich zu kränken.« Selbst wenn Du sie dafür bezahlst, werden sie Dir nicht wehtun wollen – höchstens tun sie so, als ob. Niemand hat den Wunsch, andere zu verletzen. Das Problem ist, dass keiner andere kränken möchte und dass sie deshalb Dinge tun, die künstlich sind, irgendwie daneben. Und dadurch werden andere dann verletzt. Sei natürlich und nimm es als selbstverständlich, dass niemand Dir wehtun will. So leben wir in Licht und Wissen.

Verlangen

Was unterscheidet reine Liebe von bloßem Verlangen?

*B*estimmt hast Du schon Liebe in Deinem Leben erfahren. Aber ihre Tiefe hast Du noch nicht ergründet. Du weißt, was Anziehung ist? Du siehst etwas Schönes und fühlst Dich dazu hingezogen. Und wenn das, wozu Du Dich hingezogen fühlst, nicht leicht erreichbar ist, entsteht aus der Anziehung eine Bindung oder auf der Gefühlsebene Liebe. Und wenn diese Liebe weiter wächst, wird sie auf der spirituellen Ebene zu Hingabe.

Auf körperlicher Ebene drückt sich Liebe nur als Anziehung aus, auf geistiger oder emotionaler Ebene nennt man es Liebe oder Bindung und auf der feinsten, spirituellen Ebene Hingabe. So entfaltet sich Liebe Stück für Stück.

Wir sind mit der Welt durch unsere fünf Sinne verbunden. Wenn wir wach sind, nehmen die fünf Sinne unseren Geist gefangen und er richtet sich nach außen auf die Welt. Wenn wir träumen, nehmen wir diese Eindrücke mit, und der Geist ist auf subtile Weise weiter mit den fünf Sinnen beschäftigt. Doch wenn der Geist nach außen gerichtet ist, kann er seine eigene Mitte, das Selbst, nicht finden.

Wir sind entweder mit den Sinnesobjekten beschaftigt oder mit Gedanken an sie. Entweder esst ihr, oder ihr denkt ans Essen. Entweder seht ihr etwas, oder ihr stellt es euch in Gedanken vor. Und genauso ist es auch mit Hören, Berühren, Geschmack und Geruch. Wenn unser Bewusstsein aber mit den fünf Sinnen beschäftigt ist, verliert es den Blick für seine Mitte, sein Selbst. Liebe ist jenseits der fünf Sinne.

Nun heißt das nicht, Aktivität und die damit verbundenen sinnlichen Eindrücke seien schlecht. Ich sage nicht, ihr sollt keine sinnlichen Aktivitäten unternehmen. Es ist unmöglich, ohne die Aktivität der fünf Sinne in der Welt zu sein. Aber das *Verlangen* danach sollte aufgelöst werden.

Jede Begierde – oder Abneigung – verursacht Fiebrigkeit im Geist. Und wenn der Geist im Zustand der Fiebrigkeit ist, ist er weit entfernt von Liebe. Fiebrigkeit verursacht Ärger und aus Ärger entstehen Bindung, Eifersucht, Neid, Enttäuschung – die ganze Palette negativer Gefühle.

Die Begierde nach irgendeinem Sinnesobjekt im Geist loszulassen, stärkt den Geist. Und nur ein starker Geist kann jemals göttliche Liebe erfahren.

Verlangen hört nicht auf, wenn wir das Ersehnte bekommen. Verlangen oder Abneigung lösen sich nur auf, wenn man sie beobachtet. Die wirkliche Sehnsucht des Geistes, des Wesens, ist die nach göttlicher Liebe, nach unbegrenzter Freude. Jede Seele sehnt sich nach grenzenloser Freude. Die Sinne können sie nicht geben, und doch suchen wir mit unseren Sinnen danach. Die Fähigkeit der Sinne zu genießen ist begrenzt, das Verlangen aber ist unbegrenzt.

Wieviel kann Deine Zunge schmecken? Du liebst Apfelkuchen – wieviel kannst Du davon essen? Gut, iss immer weiter und Du wirst sehen, dass die Gier nach Apfelkuchen in Abneigung umschlägt. Genauso ist es mit Musik. Wenn Du Musik sehr liebst, dann höre vierundzwanzig Stunden lang Musik! Nach einem Tag wirst Du sagen: »Stell ab, es ist genug!« Ebenso mit Sex. Wieviel Sex kann man haben? Gut, schwelge darin, aber bald wirst Du genug davon haben und sagen: »Oh, lass mich mal eine Zeit lang allein sein!«

Jede Erfahrung, die übertrieben wird, verursacht Übelkeit und das Verlangen schlägt in Abneigung um. Durch die Fiebrigkeit des Verlangens und der Abneigung wird der Geist blockiert und kann das Licht tief im Inneren nicht wahrnehmen. Darum lass los, beobachte, nimm Dir etwas Zeit und ruhe aus in der Tiefe Deines Wesens.

Verletzungen

Kannst Du bitte etwas über Heilung sagen?

Ich betrachte dieses Wort Heilen als ein negatives Wort. Wisst ihr, warum? Jedes Mal, wenn Du an Heilung denkst, dann glaubst Du ganz fest daran, dass Du verletzt, verwundet bist. Und wenn es eine Verletzung ist und Du versuchst sie zu heilen, dann erinnerst Du Dich jedes Mal, wenn Du denkst, »ich heile«, um so mehr an die Verletzung.

Die Gesetze des Geistes sind so: Je mehr Du versuchst, etwas zu vergessen, desto mehr erinnerst Du Dich daran. Wenn Du Dich anstrengst einzuschlafen, findest Du dann Schlaf?

In dem Augenblick, in dem Du nur einen Schimmer Deines Selbst erkennst, einen Funken Deines Seins, weißt Du, dass nichts, aber auch gar nichts Dein Sein verletzen kann. Es ist unbesiegbar. Es ist wie Raum. Kann irgendwer hier den Raum zerstören? Das Selbst ist von gleicher Art. Kenntnis des Selbst heilt Dich auf der Stelle. Ohne die Kenntnis musst Du darüber nachdenken, Dich selbst zu heilen. Physische Heilung dauert natürlich eine Weile. Doch wenn Du nicht weißt, wie man den Geist richtig behandelt, gibt es keine mentale Heilung. Manche Leute gehen jahrelang zum Psychiater oder Psychotherapeuten, um irgendwelche Verletzungen von früher zu heilen. Mit Kenntnis des Selbst stellt sich die Heilung praktisch sofort ein. Das ist ganz wunderbar. Die Narbe ist etwas Oberflächliches, sie kann Dich nicht berühren. Ganz tief in Dir bleibst Du kristallklar. Du musst nur einen Funken davon erhaschen, und dafür machst Du einige geistige Übungen und setzt mit Sudarshan Kriya den richtigen Rhythmus. Das geschieht durch den Atem.

Vollkommenheit

Es gibt verschiedene Grade von Vergebung. Wie ist das mit Vergebung bei wirklich schweren Verbrechen. Kann zum Beispiel ein Jude Hitler vergeben?

s gibt drei Stufen der Vollkommenheit: Vollkommenheit im Handeln, Vollkommenheit im Sprechen und Vollkommenheit im Fühlen. Manche Menschen handeln unvollkommen, gewalttätig. Andere Menschen haben eine verletzende Sprache. Und wieder andere haben gewalttätige Gefühle. Das ist alles das Gleiche.

Wir müssen uns selbst innerlich schützen. Du siehst, wie jemand gewalttätig handelt, und in Deinem Geist entstehen gewalttätige Gefühle gegen diesen Menschen. Dann bist Du nicht sehr viel besser als die Person, die gewalttätig handelt. Darum gibt es Vergebung. Vergebung beschirmt und beschützt Deinen Geist, Deine Seele davor, durch Gewalttätigkeit selbst gewalttätig zu werden. Verstehst Du, was ich sagen will? Wenn Du wütend auf Gewalttätigkeit reagierst, dann bist Du nicht viel besser, als die gewalttätige Person.

Besser als Vergebung ist Mitgefühl. Vergebung ist mit einem Mangel an Verständnis verbunden. Du verstehst nicht, was dieser Mensch tief in seinem Inneren durchmacht. Jemand wurde verletzt, deshalb verletzt er andere. Wenn wir das nicht verstehen, dann sagen wir: »Gut, ich vergebe.« Doch wenn wir verstehen, dass alle Fehler durch einen Mangel an Bewusstsein verursacht werden, dann empfinden wir Mitgefühl mit anderen. Und Mitgefühl bewahrt Deine innere Vollkommenheit, bewahrt Deine Vollkommenheit im Sprechen und macht Deine Handlungen vollkommen.

In der Welt findet sich nur sehr selten jemand, der Vollkommenheit in allen drei Bereichen erreicht hat. Es gibt einige Menschen, deren Gefühle sehr gut sind, aber sie handeln nicht so sehr ordentlich. Es gibt Menschen, die im Handeln sehr sicher sind, aber im Inneren sind sie gereizt und fühlen sich nicht so gut. Und es gibt einige Menschen, die nicht gut handeln, aber sehr angenehm reden. Sie reden lieb und nett mit Dir, aber sie fühlen nicht so. Heuchelei. Und es gibt wieder andere, deren Gefühle gut sind und die gute Dinge tun, aber sobald sie den Mund öffnen, schlagen Stichflammen heraus.

Es gibt also viele verschiedene Menschentypen und Verhaltensweisen auf der Welt. Aber Du kannst anstreben zu erkennen, worin Du vollkommen bist. Du magst gut in Deinen Handlungen sein, aber nicht so gut, wenn Du redest. Also verbessere das. Wenn Deine Rede und Deine Handlungen gut sind, aber Du mit Deinem Herzen und Deinem Fühlen nicht zufrieden bist, dann fang damit an. Schau es Dir an, werde hohl und leer, und dann beginnst Du, Dich gut zu fühlen. Wenn Du Dich gut fühlst, dann redest Du auch freundlich.

Und wenn Dein Handeln nicht gut ist, dann diene. Dienen *(Seva)* ist dazu da, Vollkommenheit im Handeln zu erreichen, indem man handelt, ohne etwas dafür zu bekommen. Sonst steht hinter allem, was Du tust, die Frage, was Du damit erreichst oder dafür bekommst. Das ist die Motivation. Wenn Du dienst, erhältst Du nur Freude dafür. Und selbst, wenn Du nicht einmal Freude dafür bekommst, macht das auch nichts. Du tust es, weil es für andere von Nutzen ist. Das ist Seva, selbstlose Arbeit, Arbeit ohne eigennützige Motivation.

Also, wenn wir dies tun, werden wir Vollkommenheit in allen drei Bereichen erlangen. Es ist möglich. Es bedarf nur etwas Aufmerksamkeit und ein wenig Erziehung. Wir können es erreichen.

Wohltätigkeit

Würdest Du uns bitte etwas über die Schule in Indien erzählen, besonders die Berufsausbildung für Frauen? Wie ist die Lebenssituation dieser Frauen? Danke für Deine wohltätigen Projekte.

In ländlichen Gegenden machen die Frauen die Hausarbeit und die Männer gehen gewöhnlich aufs Feld. Die Frauen kümmern sich um das Haus und die Kinder, kochen und machen all die häuslichen Arbeiten. Weil sie nichts gelernt haben, gehen sie nicht arbeiten. Und in den Dörfern gibt es so gut wie keine Bildungseinrichtungen. Wenn um zehn Uhr alle Kinder zur Schule gegangen sind, haben die Mütter von elf bis vier oder fünf Uhr am Nachmittag Zeit. Also kommen alle Mütter und Frauen mit unserem Bus, der sie in den Dörfern abholt, in den Ashram. Dort lernen sie zum Beispiel etwas Schneidern. In diesem Jahr sind mehr als einhundertfünfundsiebzig Frauen ausgebildet worden, und alle haben Schneideraufträge bekommen, so dass sie zuhause arbeiten können.

Der Ashram hilft ihnen, unabhängig zu werden. Sonst müssen sie nämlich ihre Ehemänner anbetteln, wenn sie etwas Geld haben möchten. Manchmal bekommen sie etwas und manchmal nicht. Deshalb gibt es viel Streit. Und wenn sie in den Ashram kommen, lernen sie auch etwas über die Kunst des Lebens. Viel Gutes geschieht in dieser Richtung.

Wünsche

Ich glaube, ich verstehe das Konzept der Leidenschaftslosigkeit und Ergebung, aber ich frage mich, in welcher Beziehung das zum freien Willen und der Erfüllung von Wünschen steht.

*W*as macht man mit Wünschen? Wie erfüllt man sie? Ein Wunsch, ob erfüllt oder unerfüllt, bringt Dich nicht weiter. Wenn ein Wunsch erfüllt ist, bist Du an der gleichen Stelle, wo Du warst, bevor der Wunsch aufstieg. Sieh, jetzt kommt ein Wunsch in Deinen Geist, ja? Dann arbeitest Du daran, ihn zu erfüllen. Und nachdem er erfüllt ist, weißt Du, wo Du sein wirst? Wo Du schon gestern warst, bevor dieser Wunsch in Dir entstand: in einem Zustand der Ruhe. Es führt Dich zu derselben Stelle. Es ist wie ein Karussell, das sich dreht und dreht und dreht. Kilometer um Kilometer kannst Du zurücklegen, aber Du kommst nirgendwo hin. Deshalb leg nicht zu viel Gewicht auf die Erfüllung von Wünschen.

Das ist Ergebung. Ergebung heißt, einen Wunsch, der aufsteigt, darzubringen: »Fein, wenn dies gut ist, wird es geschehen.« Lass es geschehen. Lass es los! Wenn Du es loslässt, hast Du mehr Freiheit. Und in dieser Freiheit ist Freude – alles erblüht.

Ich meine nicht, Du sollst nur dasitzen und eine Affirmation machen: »Ich finde einen guten Job.« Und Du lässt los und tust nichts dafür. Tue alles, was notwendig ist. Sei aktiv, dynamisch. Aber sei nicht besessen von der Fiebrigkeit, Wünsche zu erfüllen, denn das ist die Wurzel aller Depressionen. Wenn Du deprimiert bist, dann liegt hinter dieser Depression ein Wunsch.

Ziel

*Was ist der beste Weg, den Zustand von Glückseligkeit
zu erreichen?*

Als erstes meditiere, und als zweites diene den
Menschen in Deiner Umgebung. Engagiere Dich
für einen guten Zweck. Weißt Du, es gibt eine Methode,
um deprimiert zu werden. Du engagierst Dich nicht und
denkst die ganze Zeit: »Und wer kümmert sich um mich?
Wer kümmert sich um mich?« Das reicht, um völlig deprimiert zu werden! Gott in *Dir* zu sehen, ist Meditation. Gott
in den Menschen um Dich herum zu sehen, ist Liebe –
oder Dienen. Das geht Hand in Hand.

Gesellschaft für Inneres Wachstum e. V.

Die Gesellschaft für Inneres Wachstum e. V. (GIW) ist als gemeinnütziger Verein anerkannt. Ihr wesentliches Anliegen ist die Entfaltung des Bewusstseins und die Entwicklung der Persönlichkeit zu größerer innerer Freiheit und Selbstbestimmung. Die GIW ist Mitglied im *Deutschen NRO-Forum Weltgipfel Bonn* und arbeitet international im Verbund mit der **Art of Living Foundation,** die in über 90 Ländern vertreten und bei den Vereinten Nationen als internationale Nichtregierungsorganisation akkreditiert ist. Als solche nimmt sie an UN-Konferenzen und an offiziellen Beratungen der Weltgesundheitsorganisation (WHO) zur globalen Gesundheitspolitik für das 21. Jahrhundert teil. Außerdem führt sie eigene Projekte zur Förderung der Gesundheit und der sozialen Lebensbedingungen in vielen Ländern der Erde durch.

Die GIW organisiert verschiedene Programme. Durch die Kurse **Die Kunst des Lebens** werden unmittelbare Erfahrungen und praktisches Wissen für ein erfüllteres Leben vermittelt. Herz des Kurses ist *Sudarshan Kriya,* eine leicht erlernbare Atemübung, die alle Zellen mit Sauerstoff und Lebensenergie versorgt und so mit neuem Leben auflädt. Negative Gefühle, als Giftstoffe im Körper abgelagert, werden aufgelöst und ausgeschieden. Der Geist wird ruhig und gesammelt. Dadurch klärt sich unsere Sicht der Welt, unserer Beziehungen und unserer selbst.

Die **Sahaja Samadhi Meditation** vermittelt tiefe Ruhe und inneren Frieden, bringt klareres Denken und größere Kreativität, bewirkt eine verbesserte Gesundheit, Verlangsamung des Alterungsprozesses und beschleunigt die spirituelle Entwicklung. Diese Meditation ist in einem dreitägigen Kurs leicht zu erlernen und kann dann täglich zu Hause ausgeübt werden. Persönliche Unterweisung wird weltweit von den Lehrzentren der *Kunst des Lebens* angeboten.

Keinem von uns fehlt es an spiritueller Tiefe. Der Friede und das Glück, die wir so fieberhaft in der Welt suchen, sind bereits in uns vorhanden und nur durch ein paar Wolken von Stress und Belastung verdeckt. Diese werden durch die Sahaja Samadhi Meditation aufgelöst – ein Geschenk von Sri Sri Ravi Shankar.

Art Excel (Allround Training for Excellence) ist ein Kurs, der für Jugendliche im Alter von 12 bis 16 Jahren entwickelt wurde. Dieses Programm hilft ihnen, sich mit sich selbst wohlzufühlen, energievoll zu sein, Stress abzubauen, gut in der Schule zu sein und noch mehr Freude am Leben zu haben.

Die GIW unterhält auch das **Europäische Zentrum** der *Kunst des Lebens*. Im Jahre 1995 erwarb sie in Bad Antogast im Schwarzwald ein ehemals im In- und Ausland bekanntes Kurhotel, in dessen Quellensaal heute wieder das heilsame Wasser sprudelt. Durch die selbstlose Arbeit von Menschen aus aller Welt ist es gelungen, wesentliche Teile des von Zerfall bedrohten Gebäudekomplexes in Stand zu setzen und als europäische Begegnungsstätte zu nutzen.

Akademie Bad Antogast
Bad Antogast 1, D-77728 Oppenau
Fon (07804) 910-923; *Fax* -924
Email ArtofLiving.Germany@t-online.de

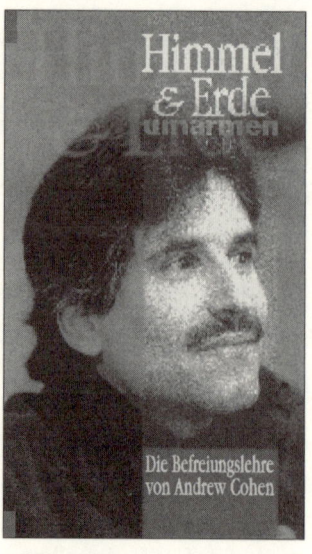

Sri Sri Ravi Shankar
Die Kunst des Lebens
128 Seiten
ISBN 3-88755-343-8

Andrew Cohen
Himmel & Erde umarmen
128 Seiten
ISBN 3-88755-011-0

Rameswar Tiwari
Jai Guru Dev
128 Seiten
ISBN 3-88755-010-2

Sri Durgamayi Ma
MorgenDarshan
128 Seiten
ISBN 3-88755-345-4